W0028921

Sabine Dardenne

Ihm in die Augen sehen

Sabine Dardenne
mit Marie-Thérèse Cuny

Ihm in die Augen sehen

Meine verlorene Kindheit

Aus dem Französischen von
Eléonore Delair, Bettina Runge und
Christa Trautner

Droemer

Originaltitel:
J'avais 12 ans, j'ai pris mon vélo et je suis partie à l'école …
Originalverlag: Oh! Éditions, Paris

Besuchen Sie uns im Internet:
www.droemer.de

Die Folie des Schutzumschlags sowie die Einschweißfolie
sind PE-Folien und biologisch abbaubar.
Dieses Buch wurde auf chlor- und säurefreiem Papier gedruckt.

Redaktion: Beate Koglin
Umschlaggestaltung: ZERO Werbeagentur, München
Satz: Ventura Publisher im Verlag
Druck und Bindung: Ebner & Spiegel, Ulm
Printed in Germany
ISBN 3-426-27367-5

2 4 5 3 1

Für alle Opfer

Inhalt

Vorwort

Ich war zwölf, nahm mein Fahrrad und machte mich auf den Weg zur Schule. Ich heiße Sabine. Ich wohnte in einem kleinen belgischen Dorf, und auf dem Weg zur Schule bin ich verschwunden. Die Polizei glaubte zunächst, ich sei ausgerissen, was auch meine Eltern lange gehofft haben. Meine Mutter hat in unserem Haus die ganze Nacht ein Licht brennen und einen Fensterladen offenstehen lassen für den Fall, dass ich beschließen würde, in den Schoß der Familie zurückzukehren. Meine Großmutter hat in derselben Hoffnung ihre Eingangstür unverriegelt gelassen.

Ich war ein rebellisches, auf jeden Fall sehr unabhängiges Mädchen und habe mir nichts gefallen lassen. Ich hatte oft Streit mit meiner Mutter und mit meinen älteren Schwestern. An besagtem Tag hatte ich das von meiner Mutter unterschriebene Zeugnisheft – mit der Note »mangelhaft« in Mathematik – im Ranzen. Der Gedanke, ich sei ausgerissen, lag auf der Hand, das ist der erste Verdacht bei Ermittlungen dieser Art. Dann wartete man auf eine Lösegeldforderung: Das Familientelefon wurde abgehört, und die Eltern zuckten bei jedem Anruf zusammen. Man hat sogar meinen Vater verdächtigt! Während dieser Zeit berichteten die Schlagzeilen der Zeitungen von den Ergebnissen der Untersuchung: »SABINE UNAUFFINDBAR«, »SUCHAKTION IN RUMILLIES«, »EIN HUBSCHRAUBER, UM SABINE ZU FINDEN«, »VERGEBLICHE SUCHE« …

Die Gendarmerie richtete einen Krisenstab und eine Hotline für eventuelle Zeugen ein. Es wurden kleine Plakate gedruckt und an Hausmauern und Schaufenster von Geschäften geheftet oder auf der Straße verteilt. Die Schelde wurde abgesucht, die Gendarmen führten die traditionellen Verhöre in der Nachbarschaft durch, man schickte einen Hubschrauber, um die Umgebung abzusuchen, und selbst die Mitschüler vom Gymnasium beteiligten sich und suchten das Unterholz und unbebautes Gelände mit Stöcken ab. Hunderte von Autofahrern klebten Vermisstenanzeigen an ihre Wagen. Hundertfünfzig Männer und hundertsechzehn Soldaten beteiligten sich an den Suchaktionen, doch sie blieben erfolglos.

Man hat achtzig Tage nach mir gesucht. Mein Foto klebte an allen Wänden meines Landes – selbst im Ausland.

»Vermisst wird eine Minderjährige

1,45 m gross, schlank, blaue Augen, blondes halblanges Haar. Am Tag ihres Verschwindens gekleidet in schwarze Sportschuhe mit Hanfsohlen, blaue Jeans, einen weissen Unterziehpulli, einen langen roten Pullover und eine blaue K-Way-Regenjacke. Sabine hat ihren Personalausweis dabei und ihre Schultasche Marke Kipling. Sie hatte 100 Belgische Franken bei sich. Sie hat ihr Elternhaus mit ihrem Mountainbike Marke Dunlop, metallicgrün, verlassen, an dem Gepäckträger war ein roter Beutel mit ihrem Schwimmzeug befestigt.
Sie wurde zuletzt am Morgen des 28. Mai 1996 gegen 7.25 Uhr auf der Chaussee Daudenarde in der Nähe der Autobahnbrücke Richtung Tournai gesehen.
Wenn Sie Sabine gesehen haben oder über sachdienliche Hinweise verfügen, so wenden Sie sich an die Gendarmerie von Tournai oder an jede Polizeidienststelle.«

Ich gehörte von nun an zu der traurigen Gruppe von kleinen Mädchen oder Jugendlichen, die in Belgien verschwunden sind:

- Julie Lejeune und Melissa Russo. Zusammen am 25. Juni 1995 im Alter von acht Jahren verschwunden.
- An Marchal und Eefje Lambrecks. Zusammen am 23. August 1995 im Alter von siebzehn und neunzehn Jahren verschwunden.
- Sabine Dardenne. Allein am 28. Mai 1996 im Alter von zwölfeinhalb Jahren verschwunden.
- Laetitia Delhez. Allein am 9. August 1996 im Alter von vierzehneinhalb Jahren verschwunden.

Das sind die sechs Opfer der Affäre, die mein Land wie ein gesellschaftliches, mediales und politisches Erdbeben erschüttern sollte. Noch heute sprechen die Journalisten in der ganzen Welt von der »AFFÄRE DUTROUX« oder vom »MONSTER VON BELGIEN«.

Ich habe das Ganze sozusagen von innen erlebt. Jahrelang habe ich über »meine persönliche Geschichte« in der schlechten Gesellschaft des meistgehassten Psychopathen von ganz Belgien geschwiegen.

Ich bin eine der wenigen Überlebenden, die das Glück hatten, dieser Art von Monster entkommen zu sein. Dieses Buch zu schreiben war notwendig für mich, damit man aufhört, mich »schief« anzusehen, und damit mir in Zukunft niemand mehr Fragen stellt. Wenn ich den Mut gefunden habe, dieses Martyrium zu rekonstruieren, dann vor allem deshalb, damit kein Richter mehr Pädophile nach Verbüßung der Hälfte ihrer Haftstrafe wegen »guter Führung« und ohne weitere Vorsichtsmaßnahmen entlässt. Einige werden als zurechnungsfähig und intelligent eingestuft. Man erachtet sie als straffähig, also therapierbar. Diese Haltung zeugt von einer erschreckenden Weltfremdheit.

Am Ende läuft es also auf Haft für eine bestimmte Zeit oder, im Wiederholungsfall, auf »lebenslänglich« hinaus. Was mich so aufbringt, ist dieser Wiederholungsfall.

Denn es existieren moderne und ausgeklügelte Techniken, mit deren Hilfe die Wege eines Verbrechers kontrolliert werden können, wenn man ihn einmal identifiziert hat. Die Justiz hätte die Mittel dazu, und es obliegt den Regierungen, darüber zu entscheiden.

Mögen sie es in Zukunft nicht vergessen. Nie wieder darf so etwas geschehen.

Am 28. Oktober 2004 werde ich einundzwanzig Jahre alt. Die Zukunft, die mich erwartet, wird hoffentlich friedlich sein, auch wenn es heißt: »Das Unvergessliche kann man nicht vergessen.«

I

Auf dem Rad

Das Fahrrad hatte gar nicht auf meiner Wunschliste gestanden. Mein Patenonkel hatte es mir zur Erstkommunion geschenkt; es war das tollste Geschenk von allen. Es kam aus einem Geschäft in Mons – ein Viking Dunlop mit einer Seriennummer; es gab nicht Tausende davon. Es war ein schönes grünes Fahrrad. Mein Vater hatte das Vorderlicht, das nicht gut funktionierte, gegen das von meinem alten Rad ausgetauscht. Es war also leicht zu erkennen. Erst seit wenigen Wochen fuhr ich damit zur Schule. Ich hatte meinen Ranzen auf dem Rücken und einen kleinen roten Beutel mit meinem Schwimmzeug auf dem Gepäckträger. Ich radelte gemächlich dahin, während es gerade dämmerte. Es war Dienstag, der 28. Mai 1996.

Man denkt nicht jeden Morgen auf dem Schulweg daran, von einem Verbrecher in einem Lieferwagen entführt zu werden.

Jedes Mal, wenn ich es den Untersuchungsbeamten, dann dem Schwurgericht oder einer Freundin erzählen musste, sah ich mich wieder, wie ich an der langen Hecke, fünfzig Meter vom Garten meiner Freundin entfernt, von meinem Rad gerissen wurde. Ich könnte den Weg zu Fuß, im Auto oder mit dem Rad zurücklegen, dieser Augenblick und dieser Ort sind auf unerträgliche Weise in mein Gedächtnis gemeißelt.

Genau in diesem Moment hat ein Monster meine Kindheit zerstört.

An diesem Morgen hat mich mein Vater losfahren gesehen, und sein Blick ist mir gefolgt, bis ich an der Autobahnbrücke angelangt war.

Ich habe ihm noch gewinkt, dann bin ich in die Straße zum Gymnasium eingebogen, und er ist seiner Wege gegangen. An dieser Stelle gibt es zwei Abzweigungen, und ich musste die linke nehmen in Richtung Sportplatz und Freibad und dann zum Gymnasium.

Normalerweise brauchte ich zehn Minuten oder eine Viertelstunde bis zum Gymnasium. Es sind wohl zwei Kilometer, höchstens zweieinhalb. Ich hatte schon zwei Drittel zurückgelegt, als ich zur Rue du Stade kam. Es ist eine gottverlassene Straße, auf der sich zu dieser Stunde niemand, nicht mal ein Hund, herumtreibt. Es war halb acht; ich war gegen 7.25 Uhr zu Hause losgefahren. Oft wartete meine Freundin Davina auf mich; die Garage ihres Hauses führt auf die Straße. Sie sah mich dann vom Garten aus kommen, und wir legten den restlichen Weg gemeinsam zurück, oft sogar zu dritt, wenn sie ihren kleinen Bruder begleitete.

Wenn ich sie nicht sah, sobald ich auf der Höhe ihres Grundstücks angelangt war, fuhr ich allein weiter, und wir trafen uns in der Schule. Ich sagte mir dann: »Ihre Mutter wird beschlossen haben, sie heute mit dem Wagen zur Schule zu bringen, vielleicht ist sie aber auch schon ohne mich aufgebrochen, oder sie ist noch im Haus …« Aber weil ich mein Fahrrad sicher abstellen müsste und weil es mehrere Minuten dauern würde, wenn ich klingelte, um mich nach ihr zu erkundigen, wartete ich nicht, wenn ich sie nicht sah; das war ein stillschweigendes Abkommen zwischen uns.

An diesem Tag sah ich schon von weitem, dass sie nicht da war, und beschloss also, meinen Weg auf der menschenleeren Straße vorbei an der dichten und hohen Hecke fortzusetzen. Da der Seitenstreifen an dieser Stelle sehr schmal ist, fuhr ich auf der Mitte der Straße, und wenn ich das Motorengeräusch eines Wagens hörte, scherte ich schnell nach rechts aus.

Ich kam gern früh in der Schule an, denn dann konnte ich mein Fahrrad in aller Ruhe abstellen. Das Ende des Schuljahrs rückte näher; es war mein erstes Jahr auf dem Gymnasium. Ich kam ganz gut zurecht, war aber in Mathe eine Niete, weshalb mir meine Mutter regelmäßig die Leviten las.

»Du hast wieder eine Prüfung verhauen!«

Meist zuckte ich mit den Achseln und lief in mein Gartenhäuschen oder zu Freundinnen zum Spielen. Es hieß, ich hätte einen »schwierigen Charakter«, doch solange ich meine Freiheit hatte, berührte mich das nicht. Im Grunde war und ist mein schwieriger Charakter mein bester Kumpel.

Ich dachte nicht unbedingt über all das nach an diesem Morgen des 28. Mai 1996. Ich weiß nicht einmal, ob ich überhaupt an irgend etwas gedacht habe. Ich fuhr langsam dahin. Die Rue du Stade war schmal, verlassen und dunkel hinter dem Fußballstadion.

Ich hörte ein Motorengeräusch und fuhr rechts ran. Ich war nur noch fünfzig Meter von der Garage meiner Freundin entfernt, sehr nah an der Hecke. Hinter dieser Hecke befindet sich ein Haus. Wenn jemand am Fenster gestanden hätte oder im Garten gewesen wäre, hätte er alles sehen können. Doch es war niemand da, es war noch zu früh und recht finster. Hätte Davina an diesem Morgen auf mich gewartet, wäre nichts passiert – vielleicht. Hätte eine der Schülercliquen, wie es öfter vorkam, die Rue du Stade als Abkürzung zur Schule genommen, hätte es viele Zeugen gegeben.

Doch es war wirklich weit und breit niemand zu sehen. Ich war früh dran.

Es war ein gammeliger Kastenwagen, eine Art Lieferwagen, der zum Wohnmobil umfunktioniert worden war, drei Einzelsitze vorne und hinten eine Sitzbank. Grässliche gelbbraun karierte Vorhänge und Hunderte von Aufklebern versperrten die Sicht ins Innere. Wenn ich einen Wagen von dieser Art auf der Straße sah, sagte ich lachend zu Maman: »Jetzt sieh dir doch mal diesen Klapperkasten an, der Auspuff fällt jeden Augenblick ab, und der Motor scheppert …«

Ich hatte Zeit, diesen scheußlichen Wagen im Rücken näher kommen zu spüren, ihn dann wirklich zu sehen. Die Seitentür war aufgeschoben. Ein Mann lehnte sich heraus, ein anderer fuhr. Ich habe nicht genau verstanden, was vor sich ging, denn ich habe instinktiv die Augen geschlossen, noch bevor die Angst kam. Ich spürte, wie ich innerhalb von einer Sekunde – eine Hand auf den Mund gepresst, die andere auf die Augen – vom Fahrrad gerissen wurde. Mein Fuß verfing sich sogar kurz im Sattel, doch dann ist das Fahrrad einfach zur Seite gekippt. Schneller als ich denken konnte, befand ich mich im Inneren des Kastenwagens, und der Mann riss mir meinen Ranzen vom Rücken.

Man sieht so etwas nur im Film: Die Bilder folgen so schnell aufeinander, dass es – hopp! – schon passiert ist.

Als ich es später, lange danach, Davina erzählt habe, fragte sie mich: »Aber hast du denn nichts tun können? Hast du dich nicht wehren können?«

Ich radelte, und hopp!, schon war ich in dem Lieferwagen! Sie hatten mir bereits seit einer Woche aufgelauert, wie Jäger. Natürlich habe ich versucht, mich zu wehren, aber ich war viel zu klein. Ich war zwölf, sah aber aus wie zehn, ein Meter fünfundvierzig, dreiunddreißig Kilo … Ich war so zierlich, dass mich die größeren Mitschüler oft fragten: »Sag mal, bist du sicher, dass du schon aufs Gymnasium gehörst?«

Ich wurde sofort in eine Decke gewickelt und sah eine Hand, die versuchte, mir gewaltsam Pillen in den Mund zu schieben. Ich fing an zu schreien, und der Mann, der über mich gebeugt war, brüllte: »Sei still! Dir passiert nichts!«

Ich bombardierte den widerlichen Typen augenblicklich mit Fragen: »Wer sind Sie? Was wollen Sie von mir? Was soll ich hier? Und mein Fahrrad, wo ist mein Fahrrad? Ich muss doch zur Schule … Wer sind Sie? Lassen Sie mich los! Ich gehe zur Schule! Was wollen Sie? …«

Ich glaube, ich habe ihn von Anfang an mit meinen Fragen »zugedröhnt«, ich ertrage es nicht, keine Antwort zu bekommen. Noch heute platzt mir sofort der Kragen, wenn ich keine Antwort erhalte, und ich lasse nicht locker, bis ich eine bekomme. Ich denke, ich habe automatisch gebrüllt, während die Angst mich zu ersticken begann. Dieser Augenblick ist vielleicht der schlimmste von allen, die ich durchgemacht habe – so plötzlich und so schrecklich war alles, dass ich wie vom Donner gerührt war. Innerhalb von einer Sekunde war ich von der Außenwelt verschwunden, und auch wenn ich es nicht richtig begriff, weil ich unter Schock stand, schnürte mir das Entsetzen die Kehle zusammen, wenn ich die schwarzen Augen dieses Unbekannten sah und die Hand, die mich zum Schweigen bringen wollte. Das Motorengeräusch, der seltsame Akzent des Mannes, die stinkende Decke über mir, alles war nur grauenhaft.

Ich hörte, dass der Fahrer für etwa zehn Sekunden aus dem angehaltenen Wagen stieg.

»Los, mach schon! Nimm das Fahrrad! Vergiss nicht den Beutel! Schnell!«

Das Rad wurde neben mich geworfen, mein Beutel mit dem Schwimmzeug auch.

Das Ganze – Entführung, Gebrüll, Einsammeln meiner Sachen – hat sicher eine Minute gedauert.

Ich war schon aggressiv gegen diesen komischen Mann; er hatte etwas Undurchsichtiges an sich, Augen, die angst machten, fettige, angeklatschte Haare, von der Sorte »Frittenfett«, dazu einen lächerlichen Schnauzbart. Mein erster Eindruck? Ich sagte mir: »Wer ist dieser große, hässliche Unmensch? Mit dem ist was faul.«

Ich versuchte immer noch, mich zu wehren, ich brüllte vor Angst und Zorn, und das gefiel ihm gar nicht.

»Willst du wohl still sein!«

Ich konnte gar nichts tun. Ich lag in diese Decke gewickelt auf einer alten Matratze in dem Kastenwagen. Ich sah den Fahrer auf dem Vordersitz. Er blieb stumm. Im Gegensatz zu dem anderen kam er mir schmächtig vor. Ich dachte mir: »Ein mickriges Kerlchen, gehorcht dem Großen aufs Wort.« Jung, dunkle Haare. Schwarzer Blouson, alberne Kappe mit einem Abzeichen drauf, ziemlich runtergekommen. Alles passte zusammen: der dreckige Fahrer, der klapprige Wagen, der fettige Unmensch. Ich fragte mich, was sie wohl von mir wollten. Nicht eine Sekunde lang habe ich gedacht, ein Sadist könnte mich entführt haben. Wenn dieser Typ mit einer Handvoll Bonbons nach Schulschluss auf mich gewartet hätte, dann vielleicht … In diesem Augenblick war mein einziger Gedanke, dass mir diese beiden »Schmuddelkerle« Böses wollten. Nachdem sie mich so grob von meinem Fahrrad gerissen hatten, bestand kein Zweifel daran. Aber was genau sie vorhatten, das wusste ich nicht. Es war unfassbar.

Das erste Mal habe ich die Tabletten, die er mir in den Mund gesteckt hatte, wieder ausgespuckt; vier oder fünf müssen es gewesen sein. Ich habe sie unter die versiffte Matratze geschoben. Dann hat er mich etwas auf einem Taschentuch riechen lassen, eine Art Äther, in Wirklichkeit jedoch flüssiges Haldol, und weil ich immer noch brüllte, drohte er mir: »Wenn du nicht aufhörst …«

An seinem finsteren Blick und seiner Geste war zu erkennen, dass er mich schlagen würde, und ich sagte mir: »Denk nach …, wenn du weiter brüllst, versetzt er dir einen Fausthieb, und das wäre noch schlimmer. Du musst dich beruhigen, du musst ihm zeigen, dass du brav bist. Wenn du brav bleibst, sagt er dir vielleicht, was er von dir will, warum er dich daran hindert, zur Schule zu gehen.« Auf alle Fälle war ich kopflos, und ich denke, ich war für einige Minuten weggetreten, aber nicht lange genug für seine Zwecke.

Er zwang mich, zwei verschiedene Medikamente zu schlucken, indem er sie mir mit Cola einflößte, aber weil die Gelatinekapseln im Hals festsaßen und ich würgen musste, verlangte ich nach mehr Cola.

»Nein. ›Der andere‹ hat alles ausgetrunken!«

Er nannte ihn »der andere«, weil ich seinen Namen nicht hören sollte. Ich konnte mir aus alledem keinen Reim machen. Ich weinte vor Zorn.

»Wer sind Sie? Was wollen Sie von mir? Ich will nach Hause. Meine Eltern müssen sich schon fragen, wo ich bin … Was werden Sie ihnen sagen?«

Aber sie antworteten nicht, und ich stellte immer wieder dieselben Fragen. Ich konnte weinen, halb ersticken, nichts, keine Antwort. Und der Wagen fuhr und fuhr, ohne dass ich ahnte, in welche Richtung. Am Geräusch der Reifen aber konnte ich spüren, dass wir erst auf einer (holprigen) Landstraße waren und dann auf der Autobahn. Schließlich habe ich so getan, als würde ich schlafen, ich habe mich auf die Seite gedreht, dem »schmierigen Unmenschen« den Rücken zugekehrt und die Augen geschlossen, damit er glaubte, ich sei bewusstlos. Dabei versuchte ich, so gut wie möglich zu verstehen, was er sagte. Nichts Interessantes für mich, nur Angaben zum Weg: »Da vorne abbiegen …« Er musste »dem anderen« wohl Anweisungen geben, bis sie das Viertel verlassen hatten, danach schienen sie genau zu wissen, wohin sie fuhren.

Es war der »Fettige«, der dem Fahrer sagte, wo's langging. Ich versuchte, die Straße zu erkennen oder Schilder; ich sah mehrere, die mir jedoch gar nichts sagten. Mir saß die Angst im Nacken, schlimmer als bei den Prüfungen, echte Angst, bei der man den Eindruck hat, man würde in die Hosen machen, so sehr zittert man am ganzen Körper. Ich weiß nicht, ob ihnen das bewusst war – wahrscheinlich war es ihnen so egal wie nur was –, doch ich hatte das Gefühl, plötzlich aus Glas zu sein, kurz davor auseinanderzubrechen. Ich hatte Bauchweh, einen Knoten im Hals, ich bekam schlecht Luft und hechelte manchmal wie ein Hund. Diese schreckliche Decke über mir, diese höllisch stinkende Matratze, der Lärm des klapprigen Wagens und diese beiden Männer, die von nichts Interessantem sprachen, mit ihrem komischen Akzent, vor allem der Dreckige, der Gott weiß woher kam … Mit zwölf Jahren weiß man Akzente noch nicht so gut einzuordnen, ob sie nun aus Namur, aus Lüttich oder von weiter her kommen. Wenn er mehr das »R« gerollt hätte, hätte ich wenigstens sagen können, dass er Flame ist. Aber in diesem Fall erinnerte mich nichts an etwas Bekanntes. Für mich waren es Fremde, stinkende Barbaren, und ich hörte nicht auf, mich zu fragen: »Wer sind diese Typen? Wohin bringen sie mich? Und warum?«

Ich hatte keine Idee, wie ich aus diesem Kastenwagen hätte fliehen sollen. Erstens mal fuhr er ja; durch eines der Fenster zu entkommen war unmöglich, sie waren geschlossen und obendrein hinter diesen grässlichen Vorhängen und den Aufklebern verborgen. Nur durch die Windschutzscheibe konnte ich etwas sehen, und das auch nur von unten nach oben. Die einzige Lösung wäre die hintere Tür gewesen. Doch dazu hätte ich mich halb um die eigene Achse drehen und mich aufrichten müssen und wäre dabei erst mal mit dem Gesicht an das verriegelte Blech gestoßen … Wenn ich mich bewegt hätte, hätte er mich sofort gepackt. Auf alle Fälle und vorausgesetzt, ich hätte mir nichts gebrochen, wäre ich auf der Straße nicht weit gekommen, selbst wenn ich um mein Leben gerannt wäre. Es gab keinen Ausweg. Für eine Weile habe ich mir absichtlich die Decke über den Kopf gezogen, damit ich von Zeit zu Zeit die Augen öffnen konnte, ohne dass sie es bemerkten. Sie sollten glauben, dass ich völlig weggetreten sei. Aber mir war heiß unter dieser Decke, die obendrein mein Gesicht kratzte. Morgens im Mai ist es noch immer recht frisch, und ich hatte deshalb einen Unterziehpulli, einen Pullover und meine K-Way-Regenjacke angezogen, die innen leicht gefüttert war. Ich schwitzte vor Angst und Panik, nichts zu verstehen.

Ich war wie erstarrt, doch das hinderte mich nicht daran zu denken. Was hätte ich machen können? Etwas kräftiger in die Pedale treten? Mich auf den Boden werfen, bevor sie mich geschnappt haben? Ein kleiner Weg kreuzte die Straße: Ich hätte mein Fahrrad einfach hinwerfen und losrennen können, um an irgendeinem Haus zu läuten. Aber die Hecke ist so lang … Und wenn ich nicht mein Fahrrad genommen hätte, um zur Schule zu kommen … Ist es meine Schuld? Soll ich bestraft werden? Sie waren so schnell, ich hatte nicht einmal Zeit, den Fuß auf den Boden zu setzen, sie haben mich im Flug geschnappt! Ich habe nichts gesehen. War der Kastenwagen hinter mir? Verfolgten sie mich?

Der Motor wurde abgestellt. Der Schmierige glaubte, ich würde schlafen, und sagte: »Wir müssen dich wecken! Und du kletterst in diese Kiste, wenn ich es dir sage!«

Als ich die Kiste sah, die aus verrostetem Metall war, kaum größer als ein Werkzeugkasten, habe ich meinen schwierigen Charakter herausgekehrt.

»Ich passe da nicht rein!«

»Und ob!«

»Nein, sie ist viel zu klein!«

Ich habe leicht Atemnot und bekomme dann keine Luft. Ein Problem mit den Bronchien seit meiner frühesten Kindheit. Ich war ziemlich geschwächt von meinem Aufenthalt unter dieser Decke, in diesem stickigen, dreckigen Wagen. Die Angst ließ mich nicht los und wuchs beim Anblick dieser Kiste noch. Die Angst, wirklich zu ersticken, die Angst, nicht zu sehen, wohin sie mich trugen.

Und so schimpfte ich weiter.

»Nein, sie ist zu klein, ich kriege keine Luft da drin, außerdem ist sie eklig, und ich mache mich ganz schmutzig.«

Da ich mich widersetzte, rief er den anderen zu Hilfe.

»Wir müssen nachhelfen, damit sie da reingeht.«

Ich war nicht dick, aber trotzdem hatten sie Schwierigkeiten, die Kiste zu schließen. Ich war eingequetscht, und sie mussten bis zur letzten Minute warten, um den Deckel zu schließen. Ich wusste nicht, wohin sie mich trugen, aber mir war, als würden sie Kilometer zurücklegen, so lang kam mir der Weg vor. Nach den Geräuschen zu urteilen, die in meine Kiste drangen, haben sie zunächst die Tür des Kastenwagens geöffnet und die Kiste am Boden abgestellt. Dann wurde eine Tür geöffnet, daraufhin wurde ich hochgehoben und wieder abgestellt, und nach zwei Minuten, die mir unendlich erschienen, wurde der Deckel geöffnet.

»Komm raus!«

Ich hatte wieder Angst. Ich hatte mich mit dem Gedanken abgefunden, in dieser Kiste zu bleiben. Dort war ich wenigstens allein, zwar eingeschlossen, aber geschützt. Ich rührte mich nicht.

Der schmierige Unmensch stand allein vor mir. Ich denke, der Fahrer mit der Kappe hatte ihm bis dorthin geholfen und war dann verschwunden. Wahrscheinlich, um mein armes Fahrrad irgendwo zu verstecken, es wurde nie gefunden. Vielleicht hat es jemand gestohlen. Es ist verrückt, aber ich habe später daran denken müssen: Dieses Fahrrad trug ihre Fingerabdrücke, denn sie hatten keine Handschuhe an, als sie es in den Wagen trugen. Wenn jemand es gefunden hätte …

Da meine Glieder ganz eingeschlafen waren, musste mich der »Schmierige« herausziehen. Auf jeden Fall habe ich nichts getan, um ihm zu helfen. Ich tat weiter so, als wäre ich völlig benebelt. Ich habe sogar noch eins draufgesetzt und mit lallender Zunge gefragt: »Was ist denn los?«

Ich weiß nicht, ob ich das bewusst gespielt habe oder nicht. Mit dem Zeitabstand stelle ich mir die Frage. Es war sicher ein Instinkt, die noch vage Vorstellung, sie in Sicherheit zu wiegen und auf einen Augenblick der Unachtsamkeit zu lauern. Ich glaube nicht, dass ich mich absichtlich so verhalten habe. Die Dämpfe, die er mich hatte einatmen lassen, und die beiden Pillen, die ich nicht habe ausspucken können, taten ein übriges … Trotzdem fühlte ich mich ausreichend klar, um die Dinge ringsherum wahrzunehmen. Mein Ranzen war da.

Ich war jetzt allein mit diesem Typen ohne Namen in einem Zimmer im Erdgeschoss eines Hauses ohne Namen. Ich glaube, in diesem Augenblick habe ich nicht wirklich achtgegeben auf die Räumlichkeiten, auf die Möbel. Das Ganze kam mir hässlich vor. Ich habe die Eingangstür gesehen, sie war verriegelt. Daneben, in derselben Wand, ein Fenster, dessen Läden am hellichten Tag geschlossen waren – ich fragte mich, warum.

Was ich von dem Zimmer, in dem ich mich befand, beschreiben kann, habe ich erst später beobachtet. Vielleicht am dritten Tag …

In einer Ecke Kinderspielzeug, eine Wiege. Der Raum war quadratisch. Eine ganze Wand war mit Regalen bedeckt, in denen alles mögliche stand. In einer Ecke ein Ofen, ganz hinten eine Mikrowelle. Eine Tür, die wahrscheinlich in ein zweites Zimmer führte. Am Boden Ziegel, Zementsäcke, Werkzeug. Offensichtlich war er dabei, einen Kamin einzubauen, der aber nicht fertig war. In dem Gerümpel am Boden war eine Passage frei gelassen, die zu einem Durchgang führte, der mit kreuzweise aufgestellten

Holzlatten und einer Plastikfolie versperrt war. Ich habe nie herausgefunden, wohin er führte. An der anderen Wand weiße, aber leere Küchenregale. Eine Treppe führte in den ersten Stock, und dicht daneben stand ein hoher Kühlschrank, auf dem ein Telefon stand. Ich habe es recht bald entdeckt. Unerreichbar. Es gab auch einen Tisch und Stühle in dieser Rumpelkammer. Ich weiß nicht, ob ich schon an diesem Tag die Treppe bemerkt habe, die in den Keller führte.

Mein erster Eindruck von dem Ort, an dem ich gelandet war, sagte mir, dass ich nicht in einem normalen Haus war, in dem normale Menschen lebten.

Ich hatte Durst. Ich verlangte nach etwas zu trinken. Er gab mir Milch, und ich habe einige Schlucke getrunken. Dann fand ich mich in einem Zimmer im ersten Stock wieder, dessen Fensterläden geschlossen waren. Ich weiß nicht, ob ich selbst hinaufgegangen bin oder ob er mich getragen hat. Ich habe vage in Erinnerung, Befehlen gehorcht zu haben, einfach getan zu haben, was er mir sagte.

Er hat mir die Etagenbetten gezeigt und mir befohlen, mich auszuziehen, was ich getan habe. Ich hatte auf der Fahrt so viele Fragen gestellt, so heftig geweint, so oft nach meinen Eltern verlangt, dass ich jetzt nur noch gehorchen konnte. Wahrscheinlich war ich starr vor Angst und völlig verwirrt. Ich muss es befremdlich gefunden haben, in diesem komischen dunklen Zimmer zu schlafen, nackt, nur mit einer Decke über mir. Er hat mir eine Kette um den Hals gelegt und mich mit einem Vorhängeschloss am Bettpfosten festgebunden. Er hat einen Toiletteneimer neben das Bett gestellt. Die Kette war nur etwa einen Meter lang, so dass ich eben den Topf erreichen konnte.

Ich blieb reglos liegen und starrte an die Decke. Es gab eine kleine Dachluke, durch die etwas Licht ins Zimmer kam. Ich weiß nicht mehr, ob er mir etwas zu essen gebracht hat oder nicht. Vielleicht habe ich geschlafen, erschöpft vom vielen Weinen. Doch ich höre mich noch sagen: »Warum bin ich hier? Die Kette tut mir weh. Ich kriege keine Luft. Ich bin doch kein Tier!«

Die Vorhänge waren immer zugezogen. Keine Lampe brannte in diesem Zimmer. Trotzdem hatte ich bei unserer Ankunft einen Blick auf meine Uhr geworfen, um mich zeitlich zu orientieren: Es war 10.30 Uhr. Ich war also zwei Fahrstunden von zu Hause entfernt, aber wo? Weit weg auf jeden Fall.

An der Wand hing ein Poster mit einem Dinosaurier drauf. Diesen Dinosaurier hatte ich ganz vergessen ..., und doch ist er mir so auf die Nerven gegangen, dass ich ihn nicht mehr hab anschauen können.

Ich war an diesem Kinderbett festgekettet, ich hatte eine Wiege und Spielzeug gesehen, ich war also in einem Haus, in dem es Kinder gegeben hatte. Ich grübelte allein im Dunkeln, in dieser merkwürdigen Umgebung. Was hatte ich hier zu suchen? Was würde jetzt mit mir geschehen?

Am zweiten Tag ist er in mein Zimmer gekommen, hat sich neben das Bett gekniet und hat mit seiner schrecklichen Geschichte begonnen.

»Hab keine Angst, ich will dir nur Gutes. Ich habe dir das Leben gerettet. Es gibt einen bösen Chef, der dir etwas antun will; er will Geld von deinen Eltern …«

Und um seinen Worten Nachdruck zu verleihen, hat er am dritten Tag »den anderen« kommen lassen, den Mickrigen mit der Kappe, der mit einsilbigen Antworten seine Behauptungen bestätigte. Er sagte einfach nur: »Ja, das stimmt«, »Ja, so ist es …«

Und der Schmierige mit dem Schnauzer wiederholte: »Siehst du? Ich bin nicht der einzige, er sagt es auch …«

Dann erzählte er, dass mir der Chef an den Kragen wolle, weil mein Vater Gendarm gewesen sei, und dass er ihm damals etwas getan habe. Der Chef wolle sich deshalb an einem seiner Kinder rächen, und das sei nun mal ich. Er verlange ein Lösegeld. Ich glaubte am Anfang verstanden zu haben, es ginge um eine oder drei Millionen, aber da ich mich noch »pah« sagen höre, müssen es drei gewesen sein. Mit zwölf Jahren hat man keine rechte Vorstellung von Geld. Eine Million hätten meine Eltern im Höchstfall aufbringen können, wenn sie sich überall Geld geliehen hätten, aber drei … Selbst wenn sie das Haus, das Auto und alles, was sie besaßen, verkauft hätten, wäre es ihnen nicht gelungen, da war ich mir ganz sicher.

Woher wusste er überhaupt, dass mein Vater, bevor er den Beruf wechselte, Gendarm gewesen ist? Hatte ich es selbst gesagt, zum Beispiel als kindliche Verteidigungsstrategie: »Vorsicht, mein Vater war Gendarm …« Das ist gut möglich. Auf jeden Fall gründete er seine Geschichte darauf. Das »Schlimme«, wofür mein Vater verantwortlich gewesen sein sollte, war mir nicht ganz klar. Hatte er diesen Mann bestraft, indem er ihn ins Gefängnis gebracht hatte? Schuldete er ihm Geld? Was immer es war, offenbar wurde ich deshalb gefangengenommen, und mein Vater musste ein Lösegeld zahlen. Das war seit dem ersten Tag klar. Ich versuchte, meine Eltern zu verteidigen.

»Aber sie haben nicht so viel Geld, sie sind keine Millionäre …«

Er gab mir zu verstehen, dass sie alles Interesse daran hätten, an das Geld zu kommen, sonst … müsse ich sterben.

★

Es ist schwer, sich zeitlich zu orientieren, doch ich bin mir sicher, dass er an diesem Tag begonnen hat, mich unsittlich zu berühren. Am zweiten Tag hatte ich kaum einen klareren Kopf, er hat mich losgebunden und mich nebenan in ein anderes Zimmer geführt, anscheinend war es sein Zimmer, darin stand ein großes Bett. Ich habe das Zimmer später »die Marterkammer« getauft. Dort habe ich die ersten Berührungen über mich ergehen lassen müssen.

Ich weiß, dass er auch Polaroidfotos gemacht hat – ob vorher oder nachher, ist schwer zu sagen, doch es wurde mir beim zweiten oder dritten Foto vage klar. Es ist komisch, aber ich konnte nicht verstehen, warum er mich unbedingt nackt in seinem Zimmer fotografieren wollte. Ich erinnere mich an meine Reaktion.

»Sind Sie verrückt?«

Ich weinte ständig, was ihm offensichtlich auf die Nerven ging. Ich hätte das mögen müssen …

Anschließend brachte er mich wieder in das andere Zimmer mit den Etagenbetten, kettete mich an und sagte, ich solle schlafen. Es war schwer für mich zu begreifen, was ich von diesem stinkenden und hässlichen und in den Augen eines Kindes alten Mannes zu erdulden hatte. Ich wurde wegen einer Lösegeldforderung gefangengehalten, aber … Er gab vor, mein Leben gerettet zu haben, aber … er misshandelte mich zur gleichen Zeit! Bis dahin war ich weder geschlagen noch vergewaltigt worden, doch sein Verhalten war so abscheulich, dass ich mit aller Kraft versuchte, nicht daran zu denken. Nicht über das Schändliche grübeln. Ich war wieder angekettet, starrte auf das zweite Bett über mir, war noch immer wie gelähmt vor Angst und hatte nur noch eines im Kopf: Und danach? Was würde danach mit mir geschehen? Dieses Danach machte mir schon im voraus angst. Ich weinte, ich schlief bisweilen, ich hatte Kopfschmerzen, ich war im Schockzustand, verzweifelt, allein. Der Horror.

Die Falle schnappte wieder zu, die Manipulation wurde fortgesetzt, ohne dass ich etwas davon ahnte. Der Mann sagte, meine Eltern hätten sich geweigert, das Lösegeld zu zahlen, selbst die Gendarmerie hätte es abgelehnt – weil mein Vater früher Gendarm war? Ich schwebte also in Todesgefahr, weil »der Chef« beschlossen hatte, mich umzubringen.

Und so ist das pomadisierte Monster in die Rolle des Retters geschlüpft.

»Ich habe dich auf Befehl des Chefs entführt, da aber deine Eltern nicht zahlen wollen, kannst du nicht hierbleiben. Willst du leben oder sterben?«

Ich kann nicht dafür garantieren, dass dies der genaue Wortlaut war, auf jeden Fall war der Satz so formuliert, dass ich die Wahl hatte: leben oder sterben. Natürlich habe ich mich fürs Leben entschieden.

»Dann werde ich dich verstecken. Ich werde sagen, du seiest tot, doch du bleibst am Leben, und ich werde mich um dich kümmern. Nur kann ich dich nicht hier in diesem Zimmer lassen, der Chef darf dich nicht sehen. Dies ist nämlich das Stabsquartier, er kann jeden Augenblick aufkreuzen. Und selbst wenn du versuchen würdest zu entkommen, so hat man dich doch ganz schnell wieder eingefangen, um dich zu töten. All die Häuser hier gehören zum Stabsquartier. Komm, ich zeige dir dein Versteck!«

Ein Stabsquartier, das war in der Vorstellung einer Zwölfjährigen etwas ganz Geheimnisvolles. Waren diese Leute Gangster? Polizisten? Militärs? Außerirdische? Ich dachte zugleich an alles und nichts. Und die Hauptfrage quälte mich immer noch: Wer war dieser Typ? Ein »Schwein«, das mich von meinem Fahrrad reißt, mich Dinge ertragen lässt, die für mein Alter unschicklich sind und die ich überhaupt nicht mag. Wie sehr ich mich auch wehre, er macht weiter … Erst verlangt er Lösegeld, am nächsten Tag macht er Nacktfotos von mir. Er bindet mich fest, er bindet mich los.

Sterben? Ich konnte doch nicht den Tod wählen! In meinem Kopf musste ich Tag für Tag die Dinge ertragen, in der Hoffnung weiterzuleben.

Nach diesen drei Tagen hat er mich in sein »Versteck« geführt.

2
Das Szenario

Ich konnte mir nicht einmal sagen, dass ich tatsächlich gekidnappt worden war. Das Wort kam mir nicht in den Sinn. Die Inszenierung war zu perfekt, sofort, gleich am ersten Tag, als ich noch ganz zittrig war vor Angst und nicht klar denken konnte wegen der Medikamente. Ich habe alles geglaubt.

Dieser Mann war »mein Retter«. Er hatte mich so manipuliert, dass ich an sein teuflisches Szenario glaubte, demzufolge er mich »eben noch rechtzeitig« aus den Krallen eines Monsters befreit hatte. Ein »Chef« von ich weiß nicht was, der mich umbringen wollte. Um nicht zu sterben, musste ich diesem Unbekannten glauben, alles tun, was er wollte, hinnehmen, dass er mich nach Belieben »berührte«. Jetzt musste ich versteckt durch ihn und mit ihm leben. Wie lange?

Manchmal, im Film, entführen Verbrecher das Kind des Polizisten und verlangen Lösegeld. Und man kann es nicht glauben, man sagt sich, das passiert nur den anderen, das ist nur ein Film, nicht die Realität.

Und doch befand ich mich in genau solch einem Film. Das war wirklich ich, Schülerin des Kain-Gymnasiums, die ich hier an ein Bett gekettet lag, irgendwo in einem Stabsquartier, dessen Chef mich beim geringsten Aufstand oder Fluchtversuch umbringen konnte.

Er sagte: »Du hast Glück, an mich geraten zu sein, weil der Chef dein Leben für verloren hält …«

Das »Glück«, an »ihn« geraten zu sein! Aber wer war »er«? Er nannte mir keinen Namen und »der andere« war verschwunden. Ich habe den »Mickrigen« mit der Kappe nie wiedergesehen, nachdem er seine Rolle gespielt hatte.

Einmal habe ich gefragt: »Wie heißen Sie?«

Er hat geantwortet, ich könne wählen zwischen Alain und Marc … Ich bin instinktiv bei dem anonymeren »Sie« geblieben. »Geben Sie mir meine Kleider zurück«, zum Beispiel. Ich hatte genug davon, nackt zu sein, ich wollte nicht so mit ihm zum Essen in das Zimmer unten gehen. Ich finde es schrecklich, nackt zu sein. Mir war kalt, und ich wusste nicht, was es für einen Sinn haben sollte, mich in diesem Zustand allein zu lassen. Deshalb habe ich mit fester Stimme nach meiner Unterwäsche und dem Rest meiner Sachen verlangt. Er hat mir die Unterwäsche gegeben, dann meine Jeans, ich vermag nicht zu sagen, in welcher Reihenfolge ich die Sachen bekam, noch, an welchem Tag, doch ich musste wochenlang mit demselben Schlüpfer rumlaufen und mit nichts anderem.

★

Ich wusste, dass ich am 28. Mai entführt worden war. Die drei Tage, bevor ich in das Versteck kam und mich langsam von dem erholte, was er mir eingeflößt hatte, war ich nicht ganz klar im Kopf und hatte keine wirklichen Orientierungspunkte. Er überfütterte mich mit seinen »Chef«-Geschichten. Es passierten so viele seltsame Dinge an einem Tag. Ich ging nach unten zum Essen, er führte mich in sein Zimmer, um Fotos zu machen und dann den »Rest«, das, was ich seinen »Zirkus« nannte, denn ich wusste nicht, wie ich diese ekelhaften Berührungen nennen sollte. Ich stellte mir so viele Fragen, alles ging so schnell, und wenn ich auf meine Uhr schaute, hatte ich das Gefühl, schon seit einer Ewigkeit in dieser Bruchbude eingesperrt zu sein und nichts verstanden zu haben.

Gegen Ende des dritten Tages führt er mich in das Versteck. Es geht eine Kellertreppe hinunter, und ich sehe ein Regal aus der Wand gleiten wie durch Hexerei. Ich traue meinen Augen nicht. In dem Metallregal stehen Milchkartons, Wasserkanister und Flaschen aller Art. Er räumt erst alles raus, greift dann die Strebe am unteren Teil des Regals, zieht es zu sich hin und hebt diesen Teil der Wand an. Dann verkeilt er die unsichtbare, zweihundert Kilo schwere Tür mit einem Betonblock und lässt sie nur einen Spaltbreit geöffnet, so dass man gerade drunterherschlüpfen kann. Wenn dieses Regal an seinem Platz ist, fällt einem nichts oder fast nichts auf! Er zeigt mir das mit einem gewissen Stolz. Der erste Teil des Verstecks hinter der Geheimtür ist angefüllt mit Kartons, Papieren, allen möglichen Eisenteilen, die ich nicht anfassen darf. Die ich aber natürlich später durchwühle. Man muss sich links an dem Gerümpel vorbeischieben, so klein ist der Raum, um zu einer zweiten Tür zu gelangen, einer Gittertür, die nicht schließt. Dahinter befindet sich so etwas wie ein Lattenrost mit einer halb zersetzten Schaumgummimatratze darauf. Ein Kellerloch von neunundneunzig Zentimeter Breite und zwei Meter und vierunddreißig Zentimeter Länge. Ich habe es nicht selbst gemessen, sondern später erfahren, doch ein Blick hat gereicht, um mir zu sagen, dass ich in diesem feuchten, dreckigen Loch ersticken werde.

An der Wand war eine Art Regalbrett aus Holz mit zwei Glühbirnen angebracht, so klein, dass ich kaum etwas darauf ablegen konnte bis auf meine Stifte und meine Brille. An der hinteren Wand, am Kopfende des Bettes – falls man so etwas überhaupt Bett nennen kann –, war hoch oben ein weiteres Regalbrett mit einem alten Fernseher darauf, der wohl als Videobildschirm diente, und eine Sega-Spielkonsole. An der rechten Wand eine kleine weiße Bank und ein kleiner Klapptisch. Wenn ich auf der kleinen Bank sitze, sind meine Füße auf der Matratze. Wenn ich auf der Matratze liege, sehe ich auf die Gittertür und dahinter die Geheimtür. Am Fußende habe ich gerade so viel Platz, dass ich meinen Ranzen und meinen Toiletteneimer hinstellen kann.

Der Fernseher funktioniert mit Knöpfen. Es gibt keine Fernbedienung. Ein Uraltmodell, das man nirgends mehr sieht, mit Holz an den Seiten. Natürlich kann man kein Programm damit empfangen, es dient nur zum Spielen.

Er hat mir das Gefühl gegeben, dass dieser scheußliche Raum nur für mich eingerichtet wurde. Dabei waren dieser Lattenrost und dieser Bildschirm bereits vorher da … Ich dachte, der Raum sei schon bewohnt gewesen, doch er stellte klar, dass er ihn in aller Eile für mich gebaut hätte. Er war so grauenvoll, dass ich es dann geglaubt habe. Der für mich reservierte Teil des Verstecks war notdürftig mit gelber Farbe gestrichen – ein grelles, scheußliches Gelb, dem anzusehen war, dass derjenige, der gestrichen hatte, es ohne Sorgfalt getan hatte. Die Wände waren aus Beton, der Raum war früher eine Zisterne gewesen.

Ich war in diesem schrecklichen Kellerloch eingesperrt. Ich erinnere mich, mit einer Machen-Siekeine-Witze-Miene gesagt zu haben: »Ich werde hier keine Luft kriegen!«

Woraufhin er mir seinen »Super«-Ventilator gezeigt hat: einen kleinen Computer-Ventilator, der an der Decke angebracht war.

»Damit wird es keine Probleme geben, damit kriegst du immer genug Luft.«

Die zweihundert Kilo schwere Geheimtür hat sich hinter ihm geschlossen. Und ich hatte noch immer keine Antworten auf all die Fragen, die ich mir stellte. Warum ich, warum ich? Warum lassen mich meine Eltern fallen? Warum macht er »seinen Zirkus« mit mir? Ich habe so geweint, dass ich halb erstickt bin.

Ich brauchte Orientierungspunkte: Wie sollte ich mich waschen, wie meinen Toiletteneimer leeren, wie meine Zeit ausfüllen, wie den Bezug zur Wirklichkeit nicht verlieren? Ich hatte meine Uhr, mein Zeugnisheft, meine Französischhausaufgaben, mein Klassenheft, meine Kugelschreiber und meine Stifte, meinen Ordner mit losen Blättern und ein blödes Videospiel. Ein kleines Männchen, das auf Steinen hüpfen muss, um Münzen zu bekommen. Er fällt auf einen Pilz, und er wächst, er fällt auf einen Feuerball, und er schießt mit Feuerbällen. Ich hatte Probleme mit diesem Spiel, ich habe es mit einer Freundin gespielt. Ich kam nie über das erste Level hinaus; Level zwei findet im Wasser statt, doch ich verpatzte es immer. Und so konnte ich hundertmal das erste wiederholen … das war öd und machte mich unheimlich wütend.

Bevor er mich in dieses finstere Loch steckte, sagte er, er würde mir ein paar Vorräte kaufen für den Fall, dass er verreisen müsste. Kartons mit Milch, Wasserkanister, Brot.

Ich konnte mir nicht vorstellen, den Rest meines Lebens in diesem Rattenloch zu verbringen. Ich hatte noch Hoffnung, dass meine Eltern etwas unternehmen und das Geld auftreiben würden, denn das war die Bedingung. Auch wenn ich nicht wusste, wie sie diesen Haufen Geld zusammentragen konnten. Ich konnte mir auch nicht vorstellen, dass sie mich wie verrückt in ganz Belgien suchten, da er ja behauptet hatte, sie seien auf dem laufenden und könnten oder wollten nicht bezahlen. Diesem Monster war es gelungen, mir nach und nach einzutrichtern, dass man mich sozusagen in seine Obhut gegeben habe, dass meine Eltern über die Situation informiert seien und dass die Entscheidung über mein Schicksal bei ihnen liege! Langsam, aber sicher ging er von »sie werden nicht zahlen können« über zu »sie können nicht zahlen«, dann zu »sie weigern sich zu zahlen«. Um mit der ausweglosen Formel zu enden: »Deine Eltern haben sich damit abgefunden. Auf jeden Fall haben sie nicht bezahlt, also … denken sie vielleicht, du seiest tot.«

Fortan war meine Existenz in diesem Versteck an folgende Bedingungen geknüpft. Zunächst einmal durfte ich nicht schreien oder sonst irgendwie Lärm machen. »Der Chef« oder ich weiß nicht wer habe zu jedem Zeitpunkt Zugang zu diesem Haus. Die Weisung lautete: absolute Ruhe. Ich hatte meine Spielkonsole, meinen Ranzen mit meinen Schulsachen, damit müsse ich mich beschäftigen. Jedes Mal, wenn er mich holen würde, um mich nach oben zu bringen, entweder zum Essen oder zu »was anderem« – was leider meist der Fall war –, würde er sich hinter der betonierten Tür ankündigen, indem er sagen würde: »Ich bin's.« Wenn ich seine Stimme nicht hören würde, dürfe ich mich nicht um einen Millimeter bewegen noch den geringsten Laut von mir geben. Meine Sicherheit würde davon abhängen. Wahrscheinlich sogar mein Leben. Sobald ich bösen Willen bekunden würde – was jedes Mal der Fall war, wenn ich ihn zurückstieß –, kam diese Drohung: »Der Chef macht viel Schlimmeres mit dir!«

Das Schlimmere ging bis zur Folter, denn der Chef wisse sich anderer Dinge zu bedienen als seines Körpers, um den meinen zu zwingen. Der Chef könne mich töten … Und so ist der Schatten des Todes mit mir in dieses Kellerloch gekommen und hat mich nicht mehr verlassen. Ich hatte die ganze Zeit Angst, selbst wenn ich allein war in meinem Versteck. Der Tod jagte hinter mir her. Ich grübelte, ich hatte nichts anderes zu tun. Ich sagte mir: »Diesmal ist er weggegangen, um seine Kumpel zu holen, und wenn er zurückkommt, töten sie mich.« Wenn ich nein zu irgend etwas sagte, hatte ich Angst, dass er mich schlagen oder selbst umbringen würde. Nach einer gewissen Zeit wusste ich, dass er mich nicht schlug, nur damit drohte mit seinen schwarzen bösen Augen. Auch wenn er nichts sagte, wusste ich, dass ein Zeichen von seiner Seite genügte, damit »der Chef« oder seine Gang sich meiner annehmen würden. Mein Widerstand ging nicht weiter. Ich fand mich momentan mit der Idee ab, dass er mich hierbehalten wollte, solange es ihm passte, dass er aber, wenn er eines Tages genug von mir und meinem miesen Charakter hätte, zu der für ihn besten Lösung greifen würde: mich umbringen. Diese Drohung verfolgte mich die ganze Zeit. Jedes Mal, wenn ich mich über meine Eltern beschwerte, die »nichts machten«, um mich hier rauszuholen, antwortete er, ich könne mich glücklich schätzen, am Leben zu sein. Oder dass sich »der Chef« sadistischer Gerätschaften bedienen würde – und er ersparte mir nicht die Details. Das konnte alles mögliche sein, angefangen beim Stock bis hin zur Flasche.

»Du hast ja keine Ahnung! Dem Chef bist du egal wie nur was! Aber wenn er erfährt, dass du lebst, macht er Sachen mit dir, die du hier noch nie gesehen hast!«

Doch ich konnte manchmal sehr barsch sein, auch wenn ich wusste, dass ich nie das letzte Wort haben würde. Manchmal, wenn er mir befahl, irgend etwas zu tun, sagte ich: »Nein, das nicht«, auch wenn ich wusste, dass ich es in der Minute, die folgte, würde tun müssen. Ich versuchte zunächst meinen Widerstand zu demonstrieren, doch wenn ich sah, dass es anfing brenzlig zu werden, sagte ich mir, dass ich besser doch tat, was er wollte, aus Angst vor Schlägen oder vor »dem Chef«. Angst vor allem.

*

Ich fing an, einen Kalender zu schreiben, zunächst in meinem Schulheft, dann – vom 13. Juni an, weil das Schuljahr hier aufhört – auf losen Blättern. Ich war also sicher, dass dieser 13. Juni ein Donnerstag war. Ich war seit dem 28. Mai in den Händen dieses Monsters. Drei Tage hatte ich oben im ersten Stock verbracht; ab Freitag, den 31. Mai war ich in diesem Versteck.

Zwischen dem 31. Mai und dem 13. Juni, dem Datum, an dem ich in meinen Kalender »Brief« eingetragen habe, sind meine Erinnerungen heute, acht Jahre später, recht verschwommen. Er holte mich zum Essen, zerrte mich in sein Zimmer, brachte mich wieder in den Keller, und es fing von vorne an. Jeden Tag. Und es war eine Qual für mich, es zu ertragen. Dieses verfluchte Zimmer, dieses Martyrium, der Fernseher, mit dem er Pornofilme auf »Canal Plus« anschaute. Seine Sprache: »Da schau mal! Super!«

Ich schaute überhaupt nichts, ich antwortete nur »ja, super« und hielt ihn zum besten. In Gedanken war er für mich nur noch »das Schwein«. Ich wartete, dass er mit »seinen Sachen« fertig war, meine persönliche Art, das Unsagbare auszudrücken. Manchmal war ich erleichtert, wieder in den Keller zu kommen, manchmal erleichtert, in den ersten Stock zu steigen, auch wenn ich mit »seinen Sachen« rechnen musste. Wenigstens war ich nicht mehr in diesem Dreckloch, wo ich mich kaum bewegen konnte zwischen meinem Toiletteneimer und meinem Ranzen. Ich hatte den Eindruck, etwas mehr Luft zu kriegen. Außerdem beobachtete ich alles mögliche. Es gab riesige Wandschränke, vollgestopft mit Damen- und Kinderkleidung. Aber als ich ihn fragte, ob er verheiratet sei, sagte er nein. Ob er Kinder habe, nein.

Ich habe nach Kleidern verlangt, und er hat mir großzügig kurze Shorts und ein winziges T-Shirt gegeben. Ich habe verlangt, mich waschen zu dürfen, und das bedeutete ein neues Martyrium für mich. Einmal die Woche nur, und ich durfte mich nicht selbst waschen, sondern er seifte mich ein. Für einen Anschein von Sauberkeit musste ich seine persönliche Methode von Intimwäsche über mich ergehen lassen.

Wenn ich oben war, orientierte ich mich anhand des Lichtes, das durch die Vorhänge und das kleine Dachfenster fiel. Was er mir zu essen gab, war erbärmlich. Milch, während er Cola trank, und irgendwelche Fertiggerichte, die er in der Mikrowelle aufwärmte, während er sich vor meiner Nase mit Steaks, ja sogar mit Schokolade vollstopfte. Ich hatte Messer und Gabel zum Essen, doch ich bekam kaum etwas herunter. Wie oft habe ich mir vorgestellt, ihm die Gabel irgendwo reinzustoßen … Wie oft habe ich heimlich nach der Eingangstür geschielt – manchmal steckte sogar der Schlüssel im Schloss. Aber er war immer zwischen ihr und mir. Und wenn ich versuchen würde, durch die Tür zu entwischen, hätte er mich sofort eingeholt. Ganz abgesehen von der Gefahr, die draußen lauerte. Ich befand mich im Stabsquartier des Chefs, alle Häuser ringsum gehörten dem Chef. Er hat vielleicht etwas bemerkt, jedenfalls hat er beschlossen, dass die Mahlzeiten im zweiten Zimmer eingenommen würden. Es kam vor, dass jemand geklopft hat, selten, zwei- oder dreimal vielleicht, doch ich habe nie gesehen, wem er geöffnet hat, noch, was dann geschah. Er machte die Tür auf und trat nach draußen. Das hat nie lange gedauert.

»Das ist jemand von der Gang, hab keine Angst …«

Ich durfte keine Fragen stellen und vor allem keinen Lärm machen, wegen des berühmten Chefs. Und seitdem ich in dem zweiten Zimmer aß, machte er die Verbindungstür zu, »damit man mich nicht sieht«.

*

Eines Tages habe ich seine Vorräte an Medikamenten gesehen. Aus einer Plastiktüte zog er unzählige Schachteln und stapelte sie je nach Art. Er sagte, das sei seine kleine persönliche Apotheke. Er präsentierte sich als Arzt, intelligent und auf allen Gebieten bewandert. Er hatte mich seinen Kamin bewundern lassen, den er sehr schön fand. Er war also Architekt! Auch die von seiner Hand gezeichneten Pläne, an die ich mich kaum erinnere, weil sie mich völlig gleichgültig ließen. Eine Art Gebäudeplan.

Ich wusste nicht, wie ich ihn einordnen sollte, noch wusste ich, wer er wirklich war. Er gab vor, dreißig Jahre alt zu sein, obwohl er älter war, sieben Häuser zu haben, die von Hunden bewacht würden, aber keinen Garten und keine Frau, weil der Chef es nicht wollte, und dass er schon lange zur Gang gehöre. Er dröhnte mich zu mit der Geschichte von seinem Chef und der geheimnisvollen, gefährlichen Gang.

Die Angst hielt mich fest in diesem bedrohlichen Szenario. Dafür bombardierte ich ihn mit Fragen: »Wann komme ich hier raus?« – »Wann kann ich meine Eltern wiedersehen?« Und mit Forderungen: »Ich will ein Kissen zum Schlafen, ich will einen Radiowecker, ich will was anderes zu essen, ich mag keine Milch mehr, ich will meine Sachen waschen, ich will Papier zum Zeichnen! Ich will eine Zahnbürste …« Er war völlig überrascht, als er das Wort Zahnbürste hörte, und ich schloss daraus, dass er sich die Zähne nicht allzuoft putzte …

Ich bombardierte ihn so hartnäckig, dass er wütend wurde: »Willst du jetzt still sein!« Er schlug mit der Faust auf den Tisch, und allein sein Blick verriet mir, dass er trotzdem zum Schlimmsten fähig war. Er war komisch, manchmal konnte er ganz freundlich reden, dann wieder regte er sich völlig grundlos auf. Zum Beispiel wenn ich mich weigerte, verschimmeltes Brot zu essen oder sauer gewordene Milch zu trinken; dann kriegte er einen Wutanfall, weil er sie gekauft hatte und ich sie hatte sauer werden lassen …

Ich konnte seinen Akzent nicht ausstehen und sein Gehabe, alles über alles zu wissen, und ich war immer verwirrt, was ihn betraf: Dieser Retter, der mich schlecht ernährte, der mir Schlimmes antat – das war widersprüchlich. Unbewusst spürte ich, dass da etwas nicht stimmte, doch ich konnte die Teile des Puzzles, das zu schwer war für eine Zwölfjährige, nicht zusammenfügen.

Warum zum Beispiel konnte er mich nicht mit meinen Eltern telefonieren lassen? Warum hatte er mir erzählt, er hätte einen Boten eingesetzt, um mit ihnen in Verbindung zu treten? Doch dieses Telefon oben auf dem Kühlschrank war ein Privatapparat, der direkt mit dem Chef verbunden war! Ein Chef, der reicher war als ein Minister und der Kinder hatte. Ich musste begreifen, dass ihm hier alles gehörte.

Wenn ich versuchen würde zu telefonieren, würde ich an den Chef oder an einen anderen geraten, der dann wüsste, dass ich am Leben war. Ich hatte schon daran gedacht, den Notruf, die 112, zu wählen, doch wenn die Leitung für den Chef reserviert war, gab es sicher keine 112 … Außerdem war ich zu klein, um ans Telefon zu kommen. Doch dieses Telefon ließ mich nicht los, so wie der Schlüssel an der Haustür. Und die Gabel.

Und meine einzige Verteidigung war, ihn mit meinen Forderungen zu bombardieren, denn wenn ich etwas will, lasse ich nicht locker. Und ich forderte es in einem Tonfall, der keine negative Antwort duldet.

Ich markierte die Gewiefte, indem ich ihn heimlich als Schwein titulierte.

*

Langeweile und Einsamkeit begannen mir ernsthaft zuzusetzen. Ich hatte den Radiowecker bekommen und konnte jetzt Musik hören, doch es gab keinen Sender mit Nachrichten. Ich manipulierte an dem Ding herum in der Hoffnung, etwas von der Außenwelt zu hören. Vergebens. Meine Schaummatratze löste sich auf, und es wimmelte von kleinen Tierchen.

Manchmal wäre ich gern durch die Wand gegangen. Ich warf den Joystick der Konsole in eine Ecke und starrte stundenlang wie besessen auf die Uhrzeit.

Ich fertigte sogar eine Liste an. Jede Ziffer für die Minuten erinnerte mich an etwas: 13.23 Uhr, 23 ist unsere Hausnummer, 29 die von Großmama, 17 ist der Geburtstag von Maman, 22 der von Papa, 39 … 1.00 Uhr. Ich wusste nicht, warum ich das tat … Die Minuten ließen mich nicht los. Ich verband mit ihnen alles mögliche, was mir in den Sinn kam, bis hin zur Schuhgröße. Ich klammerte mich an das wenige, was mir verblieben war.

Da ich nur mit mir selbst sprechen konnte, ermutigte ich mich mit lauter Stimme: »Gut, ich trinke jetzt ein Glas Wasser …«, »Ich mache jetzt meine Holländischaufgaben …«, »Ich schlage jetzt mein Heft auf und mache ›das‹.« – »Das« war ein Kurs in Mathe, Französisch, Latein oder Biologie. Ich schlug mein Zeugnisheft auf, das ich hätte abgeben müssen, es war unterschrieben. Ich hatte katastrophale Noten in Mathe, wie immer. Wenn ich ordentlich »pauken« würde, könnte ich versetzt werden, in den restlichen Fächern war ich mittelmäßig. Doch es würden in dieser Klasse sowieso alle versetzt. Das war ein neues Gesetz. Also nicht nötig, mich mit Mathe rumzuquälen. Ich habe versucht, die Übungen allein zu verstehen, vergebene Mühe. Aber das hat mich wenigstens beschäftigt.

Übrigens habe ich nicht wirklich gearbeitet. Ich hatte ein Holländischbuch dabei – Vokabeln und Konjugationen –, und ich schrieb die Übersetzungen ab, die Beugung der Verben, ohne mich zu bemühen zu verstehen, was ich schrieb. Ich kopierte wie eine Maschine. Ich habe auch Zitate auf französisch abgeschrieben. Kopieren, kopieren, ich füllte die Seiten in meinem Ordner. Ich verlangte von »ihm« Papier für meine Zeichnungen, denn es kam nicht in Frage, dass ich vergeudete, was mir an schönen Blättern blieb …

*

Natürlich fehlte mir alles. Zu Hause schmeckte das Essen gut, ich hatte mein Bett, das Kissen, das Großmama mir zum Schlafen geschenkt hatte und das nie in meinem Bett fehlte. Saubere Laken, meine Kleider, all meine Sachen. Da waren Sam, mein Hund, und Tifi, mein Goldfisch, mein Gartenhäuschen, meine Freundinnen, die sich fragen mussten, was aus mir geworden sei. Wie mochten meine Eltern der Schule mein Verschwinden erklärt haben?

Ich weiß nicht mehr, ob ich es war, die gebeten hatte, an meine Eltern schreiben zu dürfen, oder ob er es um des lieben Friedens willen vorgeschlagen hatte, doch am Dienstag, den 13. Juni fing ich an, meinen ersten Brief zu schreiben. Ich wollte, dass meine Eltern wussten, in welcher Lage ich mich befand.

Leider ist dieser Brief verschwunden, während »er«, ohne dass ich das wissen konnte, die drei letzten aufbewahrt hat, die dann später gefunden wurden.

Am Freitag, den 21. Juni kündigte er mir an: »Ich gehe auf Dienstreise.« Die »Dienstreisen« gingen mich natürlich nichts an. Er hatte gesagt, der Chef würde ihn sogar in die Ostblockstaaten schicken.

Ich hatte also das Glück, nicht »nach oben gehen« zu müssen, aber auch den Stress der Einsamkeit, eingesperrt in dem Kellerloch. Ich konnte es nicht ertragen, im Dunkeln zu sein, ließ also Tag und Nacht die große Lampe brennen und zwang mich, nicht die Orientierung zu verlieren. Doch ich schlief manchmal am Tag und manchmal die ganze Nacht nicht, und ich kontrollierte den Radiowecker wie eine Verrückte. Ich aß nicht viel von den zusätzlichen Vorräten, die er mir großzügigerweise nach unten gebracht hatte. Konserven, die man kalt essen musste, und »den Saft trinken«, das war seine Empfehlung. Das Brot wurde schimmelig, und so hielt ich mich an die »Nic-Nac«, diese kleinen Kekse in Form von Buchstaben. Ich aß quasi nichts anderes.

Es war vielleicht in diesem Moment, dass ich den Radiowecker auseinandergenommen habe, in der Hoffnung, Nachrichten aus der Außenwelt zu hören, ganz gleich welche, wenn sie mich nur mit meinem Leben davor verbanden. Ich hoffte nicht im geringsten, dass von mir die Rede sein würde. Ich war nicht verschwunden, man suchte mich nicht, ich gehörte nicht zu der Liste der verschwundenen belgischen Kinder. Und doch … Einmal habe ich bei einer

Freundin ein Plakat mit den beiden Gesichtern von Julie und Melissa gesehen, den beiden achtjährigen Mädchen, die am 24. Juni 1995 verschwunden waren und von denen seit einem Jahr niemand etwas gehört hatte. Ich hatte das Plakat gesehen, das war alles. Ich stellte keine Verbindung zu meinem Fall her. Und doch … Die grässliche gelbe Farbe an den Wänden verdeckte wahrscheinlich die Spuren ihrer Gegenwart hier vor meiner Zeit. Ich wusste nichts von dem Trubel da draußen, von der panischen Angst meiner Eltern, von den Suchaktionen, von den Plakaten, die mich, wie die anderen Mädchen, als »vermisst« meldeten und eine Personenbeschreibung von mir gaben – meine Größe, meine blauen Augen, mein blondes Haar, meinen Körperbau und sogar das Foto eines identischen Fahrrads mit dem roten Schwimmzeugbeutel am Gepäckträger. Man suchte mich vom ersten Tag an. Ich wusste nichts von den Suchketten, den Hunden, dem Absuchen der Flussufer und allem, was meine Eltern mit Hartnäckigkeit und Verbissenheit organisiert hatten, um mich zu finden.

*

Am 26. Juni kam er zurück. Ich war jetzt schon dreißig Tage hier. Diese Rückkehr bedeutete, dass das Ritual in der »Marterkammer« wiederaufgenommen wurde. Dort oben auf diesem Bett legte er mir Ketten an, die meinen Fußknöchel mit seinem verbanden. Manchmal musste ich die ganze Nacht in diesem verfluchten Zimmer bleiben, um an seiner Seite zu »schlafen«. Ich wagte nicht einmal einzuschlafen. Ich hatte immer Angst, er könnte aufwachen und, während ich schlief, wieder »seine Sachen« machen und dass ich nicht einmal »nein, ich will nicht« sagen könnte. Ich spürte die kleinste Bewegung, die Kette schnitt mir in die Fessel jedes Mal, wenn er sich umdrehte. Er nahm manchmal den falschen Fuß, der Idiot, und band seine rechte Fessel an meine rechte Fessel. Dann konnte ich mich gar nicht mehr bewegen, um mich möglichst weit von ihm zu entfernen. Die Nacht war lang. Ich sah zur Decke, sah fern, wenn er den Apparat »als Belohnung« mit einer sehenswerten Sendung angelassen hatte. Auch wenn es mir gelang, eine halbwegs bequeme Lage zu finden und die Augen zu schließen, hatte ich immer die quälende Angst, bloß nicht in tiefen Schlaf zu fallen. »Wenn er etwas macht, kannst du wenigstens versuchen, dich zu wehren.« Das war die einzige Ehre, die mir blieb – meine Ablehnung zeigen, nein sagen, ihn zurückstoßen, bis er drohte und ich nicht mehr kämpfen konnte.

Um mich wach zu halten, stellte ich mir vor, meine Mutter würde von der Arbeit heimkommen, meine Schwestern würden fernsehen, vielleicht dieselbe Sendung wie ich; ich dachte an Sam, an Fifi, an meinen kleinen Garten, an die Samenkörner, die ich eingepflanzt hatte, an den Apfelkuchen der Patentante, an das Kissen von Großmama, und ich dachte auch nach, was ich tun könnte, um nicht vor Langweile in meinem Versteck zu sterben, und wie ich das Schwein, das neben mir schlief, wahnsinnig machen könnte. Wenn ich nur eine Waffe hätte, ein Messer, um ihn zu töten, wenn ich ihm etwas ins Gesicht schlagen könnte, einen der Ziegel, die im Erdgeschoss herumlagen. Aber so ein Ziegel hätte ihm nicht viel getan! Und überhaupt war ich zu klein, um an sein Gesicht zu reichen.

Und so tat ich, was ich konnte. Ich zog manchmal absichtlich an der Kette, um ihn zu ärgern. Ich schimpfte, damit er ein Kettenglied hinzufügte, ich beschwerte mich über alles, verlangte ständig nach meinen Eltern, ich wollte telefonieren, schreiben, ich wollte die Fernsehzeitschrift lesen. Ich gab mir alle erdenkliche Mühe, ihm das Leben unerträglich zu machen, indem ich ihm mit Klagen, Protesten und Tränen zusetzte, und ich glaube, es gelang mir im Rahmen meiner beschränkten Mittel sogar.

Eine Fernsehzeitschrift kam natürlich überhaupt nicht in Frage. Genausowenig das Telefon. An gewissen Tagen hatte ich Anspruch auf ein zusätzliches Glied in der Kette um meine Fessel. Das war nicht genug, um mich zu erleichtern, und noch viel weniger, um mich zu retten. Ich titulierte ihn weiterhin insgeheim als Schwein. Eine Schulhofbeleidigung! Wenn er darauf bestand, etwas mit mir zu machen, was ich nicht wollte, ging ich sogar so weit, ihn lauthals zu beschimpfen, das erleichterte mich.

»Sie sind wirklich ein Schwein, das ist nicht normal, ich will das nicht! Sie kotzen mich an!«

Ich brauchte diese vulgären Worte, um mich abzureagieren. Ihn aber ließen meine Beleidigungen kalt, oder aber sie reizten ihn, auf jeden Fall tat er am Ende, was er wollte. Deshalb hielt ich mich oft mit meinen Schimpfkanonaden zurück, denn ich sagte mir: »Geh nicht zu weit, du kannst dir Schlimmes damit einhandeln.«

Beim Essen aber, wenn ich ihm gegenübersaß, überfiel mich immer wieder die Lust, ihm irgendwo die Gabel einzurammen oder ihm mit der Pfanne ins Gesicht zu schlagen, weil er sich ständig ein Steak briet und ich einen grässlichen Brei aus Buletten als Fraß vorgesetzt bekam. Oder wenn er mir sagte, ich solle ihm seine Tasse Kaffee bringen, die in der Mikrowelle stand. Ich hatte kein Anrecht auf Kaffee! Sollte er doch seinen Hintern bewegen und ihn sich selbst holen.

»Ich bin hier nicht das Dienstmädchen! Die Mikrowelle ist drei Meter entfernt!«

Ich hatte die Angst im Nacken, ich war krank vor Einsamkeit, vor Scham und vor Dreck, ich erstickte, ich weinte, bis ich Kopfschmerzen bekam und stundenlang rote Augen hatte. Doch ich wollte ihm die Stirn bieten, ihm meinen Ekel zeigen. Ich wusste nichts von dem, was er »Sex« nannte, und genausowenig wusste ich, dass es solche Perverse gab; niemand hatte mich jemals über diese Art von Dingen informiert. Ich hatte noch nicht mal meine Regel. Ich hatte nicht mal einen Freund noch die Erinnerung an einen geraubten Kuss.

Doch ich sah sehr genau, dass nichts an seinem Verhalten »normal« war. Er war alt, ich war zwölf, und er verbrachte seine Zeit damit, mich mit seinem grässlichen Benehmen zu drangsalieren. Wer war dieser Typ? Nur ein »Schwein«?

Ich war naiv, weil ich das Schlimmste noch nicht erlitten hatte.

3
Durchhalten

Der »Mann, der mich bewacht« las *Science et Vie*. Mein Vater kaufte das Magazin manchmal, und mir hatte besonders die Nummer gefallen, die von den Planeten erzählte – mich interessiert alles, was mit dem Weltraum zu tun hat. Ich habe ihn gebeten, die Magazine lesen zu dürfen, und er hat geantwortet: »Komm mit, ich habe Berge davon auf dem Dachboden.«

Ich habe so viele genommen, wie ich eben ergattern konnte, um sicherzugehen, dass ich nicht nach zwei Tagen wieder betteln musste, und um Abwechslung von der ewigen Spielkonsole zu haben, die mir schon seit langem auf die Nerven ging. Manchmal verbrachte ich vierundzwanzig Stunden ohne zu schlafen in meinem Versteck, manchmal schlief ich zwölf Stunden am Stück, doch wenn der Stress zu groß wurde und ich nicht mehr wusste, was ich tun sollte, dann war das einfach schrecklich. Ich musste mich unbedingt irgendwie beschäftigen, mich organisieren, etwas tun, um nicht verrückt zu werden.

In einem dieser Magazine habe ich dann einen Bestellschein für ein Abonnement entdeckt. Es lautete auf den Namen Michèle Martin, 128, Route de Philippeville in Marcinelle.

Auf einer anderen Nummer stand »Zelle 154«.

Und ein paar Tage später habe ich ihn beobachtet, wie er am Tisch seine Post öffnete. Ich saß ungünstig und konnte die Buchstaben nicht auf dem Kopf lesen, also bin ich auf meinem Stuhl herumgerutscht, um die Adresse zu entziffern. Die Postleitzahl, die ich auf dem Bestellschein gesehen hatte, war leicht zu merken: 6001, dieselbe wie auf dem Umschlag. Und die Hausnummer: 128 …

Ich habe versucht, mich auf den Namen zu konzentrieren, denn er schob die Umschläge dauernd hin und her, was es mir noch schwerer machte, sie zu entziffern. Dann aber konnte ich lesen: »Marc«, ohne den Familiennamen vollständig zu erkennen, aber mit derselben Adresse in Marcinelle.

Als ich ihn am Anfang gefragt hatte, wie er heißt, hatte er geantwortet: »Such dir einen Namen aus, Marc oder Alain …«

»Alain gefällt mir besser.«

Es war der Vorname des netten Friseurs, zu dem wir gingen, der war mir lieber. Der Vorname Marc erinnerte mich an einen kleinen Raufbold, der uns immer die Bälle wegnahm. Aber ich habe ihn nicht Alain nennen können. Er war »Sie«, ohne Namen.

Ich befand mich also in Marcinelle, 128 Route de Philippeville, und dieses Schwein hieß Marc Dutroux. Ich habe ihn gefragt, ob er im Gefängnis gewesen sei, denn ich hatte ja seine Zellennummer auf dem Magazin gesehen. Er hat mit »ja« geantwortet.

»Lange?«

»Ja. Viel zu lange. Jetzt tue ich verbotene Dinge, um mich an den Polizisten und Richtern zu rächen, und diesmal erwischen sie mich nicht …«

Marcinelle sagte mir gar nichts, ich wusste nicht, wo das lag. Wenn ich Charleroi gelesen hätte, hätte ich mich besser orientieren können. Wenigstens war ich sicher, in Belgien zu sein.

Unsere Postleitzahl war 7540, deshalb konnte es nicht Hunderte von Kilometern von zu Hause entfernt sein, und wenn ich die Uhrzeit berücksichtigte, zu der ich entführt worden war, und die, zu der ich hier angekommen war …

7.25 Uhr, sagen wir 7.30 Uhr, reißt er mich von meinem Fahrrad.

10.30 Uhr, in dem Augenblick, als er mich ans Bett gefesselt hat, habe ich auf die Uhr geschaut. Ich muss somit gegen 9.30 Uhr hier angekommen sein … Also zwei Stunden Fahrt …

In diesem Moment fing mein Tick mit dem Telefon an.

Ich hatte es gleich zu Anfang entdeckt. Jedes Mal, wenn ich die Treppe hochstieg, um mit ihm zu essen, sah ich es links von mir auf dem Kühlschrank stehen. Und ich stellte ihm jedes Mal Fragen: »Funktioniert das Telefon?«

»Du kannst nicht telefonieren, das ist die Zentrale vom Stabsquartier.«

»Aber wenn ich meine Eltern anrufen könnte, nur für fünf Minuten …«

»Nein, deine Eltern werden abgehört, und der Chef würde es erfahren. Dann bringt er dich um.«

»Sie sagen nichts, ich sage nicht, wo ich bin und mit wem oder sonst was. Ich will nur wissen, ob zu Hause alles in Ordnung ist …«

»Nein!«

Bei der nächsten Gelegenheit fing ich wieder an: »Nur zwei Minuten, nicht mal fünf … nur zwei Minuten!«

»Nein! Der Chef oder jemand von der Gang würde wissen, dass du nicht tot bist oder dass du nicht zu einem anderen Netzwerk übergewechselt bist, und dann wird's was geben!«

Je mehr Zeit verging und er nein, immer nein sagte, desto mehr verbiss ich mich in die Idee, meine Eltern anzurufen. Dieses Telefon führte zur Zentrale des Chefs, der mich umbringen wollte, diese Geschichte hatte ich geschluckt. Das erste Mal habe ich »oh!« gestöhnt, als wollte ich sagen: »In diesem Fall habe ich zu viel Angst, ich rufe nicht an.« Angst hatte ich natürlich auch.

Doch es war ärgerlich zu verzichten und zu sehen, wie dieses Telefon mich gleichsam verhöhnte. Und vor allem zu sehen, wie er telefonierte. Einmal hörte ich ihn »Miche« sagen und Küsse ins Telefon hauchen …

»War das eine Frau? Sie haben ihr Küsse durchs Telefon geschickt …«

»Nein! Kümmere dich nicht darum, ich habe keine Frau.«

Manchmal hörte ich den Namen »Michel«, ohne zu wissen, ob es sich um eine Frau oder um einen Mann handelte. Erst sehr viel später, nach der Untersuchung, habe ich erfahren, dass es mindestens drei Michels in seinem System gab. Michèle, seine Frau, Michel, den Mickrigen mit der Kappe, und noch einen anderen Michel, einen Komplize bei Autodiebstählen und anderen Betrügereien.

Aber als er bemerkte, dass ich ihn beim Telefonieren beobachtete, verbarg er sich hinter dem Kühlschrank, damit ich weniger verstehen konnte, oder legte die Hand auf die Sprechmuschel und befahl mir: »Hör weg und iss weiter!«

Ich hatte nicht viel Zeit zum Essen. Manchmal nahm er mich mit nach oben und führte mich gleich danach wieder in mein Versteck, nach einer halben Stunde etwa. Manchmal, wenn er beschlossen hatte, »seine Sachen zu machen«, führte er mich in sein Zimmer, wo ich dann gut drei Stunden verbrachte …

Einmal habe ich trotzdem versucht zu telefonieren. Er war oben beschäftigt und schien sich Zeit für Gott weiß was zu lassen, ich wollte lieber gar nicht wissen, für was. Ich habe mich dem Kühlschrank genähert, doch in dem Augenblick, als ich verzweifelt nach einem Weg suchte, an den verdammten Apparat heranzukommen, erschien er auf der Treppe. Ich hab so getan, als wollte ich gerade raufgehen. Er hat nichts bemerkt, doch mir ist ganz schön heiß geworden. Heute ist mein kleines Handy mein bester Freund, ich speichere alle Nachrichten darauf und habe es immer bei mir. Aber wenn ich an dieses Telefon hoch oben auf seinem Podest denke, packt mich jedes Mal die Wut. Dieses Monster war sich seiner Sache so sicher und der Angst, die er mir mit seiner gemeinen Chefgeschichte einflößte. Dieses Telefon war ganz normal an eine Außenleitung angeschlossen. Ich hätte mit meinen Eltern sprechen können, sie hätten verstanden, dass ich am Leben war und darauf wartete, hier rausgeholt zu werden. Denn genau das hoffte ich, tun zu können; ich hätte nicht die Gendarmerie angerufen: Schließlich war auch das Leben meiner Eltern in Gefahr, das hatte er mir zu verstehen gegeben. Und wenn ich eine Stimme von jemandem »aus der Gang« gehört hätte, so hätte ich einfach aufgelegt. Das war riskant, doch das Bedürfnis, mit meinen Eltern zu sprechen, war in diesem Augenblick größer gewesen. Ich war fest davon überzeugt, dass ich ihm nicht entkommen konnte, dass jeder Fluchtversuch meine Familie gefährdete. Doch ich war ohne Nachricht von ihnen, bis auf das, was er mir von ihnen erzählte, und die Frustration war zu groß.

*

Ich weiß noch ungefähr, was ich meinen Eltern geschrieben habe, vor allem, dass ich mich bestraft fühlte, hier zu sein, und dass ich nicht hier bleiben wollte. Mit Sicherheit habe ich mich nach Einzelheiten ihres Lebens zu Hause erkundigt, ob sie glaubten, das Lösegeld zahlen zu können – denn ich hoffte trotzdem noch. Ich habe von den »Sachen« des »Manns, der mich bewachte« erzählt und auch nach Einzelheiten gefragt, nach den Arbeitszeiten meiner Mutter im Krankenhaus zum Beispiel. Ich wollte die Orientierungspunkte, die von außen kamen, in meinem Kalender festhalten. Der Tag, an dem wir bei meiner Oma zum Essen eingeladen waren, der Geburtstag von meinem Hund Sam, die freien Tage meiner Mutter. Ich machte für jeden Tag, der verging, ein Kreuz, um mich in diesem Dreckloch nicht ganz zu verlieren.

Ich bekam keine Antwort auf meinen Brief, außer durch ihn natürlich. »Hör zu, deine Eltern haben deinen Brief bekommen, ein Kumpel von mir hat ihn deiner Mutter ausgehändigt. Sie sagt, du solltest ordentlich essen, dass du dich nicht genug wäschst, und auch, dass dir der Sex gefallen soll. Und da sie nicht zahlen können, bleibst du hier. Sie haben sich damit abgefunden. Genau das solltest du auch tun. Jetzt fängt ein neues Leben an, und du bist meine ›neue Frau‹.«

Und was er nicht alles erfunden hat, damit ich irgendwann einsehen musste, dass ich seinen Monsterklauen ausgeliefert war und dass meine Eltern im Grunde einverstanden waren. Einmal, sehr viel später, hat er mir sogar erzählt, meine Eltern hätten all meine Sachen in Kartons gepackt. Was heißen sollte: »Du existierst nicht mehr, du bist tot für sie, du wirst sie nie wiedersehen. Und das kümmert sie einen Dreck.« Das war eine unglaubliche Grausamkeit. Ich stellte mir all meine Sachen in Kartons verpackt vor, man organisierte meinen Umzug ins Vergessen. Ich besaß keine Existenz mehr.

Zu Anfang tat ich so, als würde ich »das neue Leben« akzeptieren. Trotzdem dachte ich: »Es ist doch nicht möglich, dass sich meine Eltern nichts daraus machen! Eines Tages werden sie mit den drei Millionen kommen und mich befreien. Ich habe ihnen doch erzählt, was er mit mir macht. Es ist nicht meine Schuld, wenn ich mit ihm in diesem Keller eingesperrt bin!«

Er konnte mir noch so oft sagen, dass sie mich aufgegeben hätten, dass ich für sie tot sei – ich hoffte trotzdem Tag für Tag. Ich hielt durch – ich musste durchhalten, ich hatte keine andere Wahl. Jeder Tag, der verging, war ein Tag gewonnenen Lebens.

Die Art, wie mich dieses »Schwein« manipuliert hat, verwischte jedes logische Denken. Man hatte mich aufgegeben, Punkt. Aber ich wollte ihnen trotzdem schreiben, ihnen erklären, dass ich meine Gefangenschaft bis jetzt ertrug, ohne ihnen Vorwürfe zu machen. Ich wusste nicht, was sie Schlimmes getan hatten, für das ich nun bestraft werden sollte, ich wollte ihnen keine Schuld zuweisen, weil ich mich selbst schuldig fühlte. Zunächst dafür, dass ich mich hatte fangen lassen, und dann dafür, dass ich »die Sachen« dieses schrecklichen Kerls über mich ergehen ließ. Im Grunde hatte ich kein Vertrauen zu ihnen. Die Kleinste in der Familie hatte immer das Gefühl, den anderen zur Last zu fallen, keinen Platz zu haben im Haus. Alles immer schlechter zu machen als die anderen. Deshalb konnte die Idee, fallengelassen worden zu sein, Wurzeln schlagen. Und doch wollte ich unbedingt überleben und schreiben und in gewisser Weise diese Liebe einfordern, die mir vorher gefehlt hatte. Und ich machte mir Vorwürfe, nicht zu gehorchen, nicht aufmerksam genug zu sein, nicht das Haus auszufegen, zu unabhängig zu sein, einen schlechten Charakter zu haben. Ich war nicht »lieb« genug …, also wurde ich bestraft. Manchmal lehnte ich mich auf und fand, dass sie sich wirklich keine Mühe gaben, mich hier rauszuholen. Trotzdem hatte ich in den ersten Wochen immer noch die Hoffnung, dass meine Eltern ganz Belgien auf den Kopf stellen würden, um mich zu finden. Nach einem Monat aber sagte ich mir: »So, jetzt suchen sie mich nicht mehr.« Dann: »Oder sie suchen mich, und ich weiß nichts davon.« Dann: »Sie glauben, ich bin tot.« Ich war verloren in meinen Vorstellungen. Ich wusste nicht mehr, was ich von ihnen, von mir noch von diesem Kerl denken sollte, und war völlig ratlos. Wenn er mich zum Essen holte, hatte ich fast ein Gefühl von vorübergehender Freiheit. Manchmal ließ er mich in meinem Kellerloch. Das war unregelmäßig. Ich hörte Geräusche vom Erdgeschoss, verhielt mich still und stellte mir vor, dass die Gang oder der Chef oben waren. Der Gipfel war, dass ich mich fast erleichtert fühlte, wenn ich seine schreckliche Stimme ankündigen hörte: »Ich bin's.«

Eines Tages, als er fortgegangen war, habe ich in dem Gerümpel gewühlt, das den Zugang zu meinem Kellerloch halb versperrte, in der Hoffnung, etwas zu finden, das mich zerstreuen könnte. Da waren Berge von wertlosem Zeug – ein ausgeschlachteter Computer, Kartons, Einzelteile von diesem und jenem. Ich habe nichts Interessantes gefunden.

Da ist mir die Idee gekommen zu schreiben. Das erste Mal hatte ich um Erlaubnis gefragt, und er hatte zugestimmt – das störte ihn natürlich gar nicht, weil er die Briefe ja für sich behielt. Ich glaube, fünf oder sechs geschrieben zu haben, die Ermittler haben nur drei gefunden. Unter einer Fußmatte. Ich frage mich, was er damit vorhatte, vielleicht ein Album daraus machen? Oder sich an meinem Elend ergötzen?

Laut meinem Kalender habe ich den zweiten Brief am 9. Juli geschrieben. Dieser ist verschwunden. Ich weiß nicht, was er damit gemacht hat, auf jeden Fall hat er ihn gelesen, und er war der einzige. Ich wartete immer noch auf eine Antwort von meinen Eltern, eine Befreiung, und ich konnte mir überhaupt nicht vorstellen, was mein Vater dem sogenannten Chef angetan haben sollte. Manchmal machte derjenige, den ich in meinen Briefen »der Mann, der mich bewacht« nenne, Anspielungen auf eine Geldgeschichte zwischen meinem Vater und diesem Chef. Manchmal behauptete er: »Dein Vater hat dem Chef übel mitgespielt.« Auf meine ständigen Fragen und meine Tränen folgten meist nur Drohungen, ein Dialog war unmöglich. »Sei still!« – »Hör auf zu weinen!«

Er hat mir »Neuigkeiten« mitgeteilt. Ich konnte ja nicht ahnen, dass er sich ganz einfach der kindlichen Fragen in meinem Brief bediente, um mir mitzuteilen, was meine Mutter dem »Boten« gesagt haben soll, der beauftragt war, ihr meine Briefe »eigenhändig« zu übergeben.

Ich habe, so gut ich konnte, beschrieben, was ich alles von ihm erdulden musste, woraufhin meine

Mutter angeblich geantwortet hat, ich solle lieb zu ihm sein und alles akzeptieren, worüber ich mich beklagte, denn wenn ich ihn wütend machen würde, so würde er mich an jemanden weitergeben, der mich foltern würde. Mit zwölf Jahren ist es schwer, so etwas zu begreifen. Wie sollte ich »mögen«, was er mit mir machte? Wie es akzeptieren, wo ich es doch instinktiv nur ablehnen konnte! Es steckte auch die Idee dahinter, dass meine Eltern mich abschrieben, »sich damit abgefunden hatten, mich nicht wiederzusehen«. Ich bezahlte also für einen »Fehler meines Vaters«, und meine Familie gab mich lieber weg, als die drei Millionen zu zahlen. Diese zweifelhafte Gehirnwäsche dauerte jetzt schon mehr als einen Monat an.

*

Ich beobachtete immer mehr, um herauszufinden, wo ganz genau ich mich befand. In der Marterkammer versuchte ich, einen Blick durch den Vorhangspalt zu werfen. Die Eisenbahnschienen hatte ich schon gesehen, und das wenige, was ich jetzt sah, war nicht gerade ansprechend.

Der Schlüssel an der Eingangstür, der manchmal innen steckte, hatte eine magische Wirkung auf mich. Diese Lust, aufzumachen, zu sehen, zu erkennen … Es ist zermürbend, ohne äußere Orientierungspunkte irgendwo eingesperrt zu sein. Wo waren die Häuser der Gang? Wo das des Chefs? Hinter uns? Ringsum? Wohin fuhren die Züge? Woher kamen sie?

★

Er wollte mich sicher beeindrucken, als er mir seine Waffe zeigte, oder mich überzeugen, dass er mich bestens zu bewachen wusste. Eines Tages hat er sie aus einem Wäschekorb gezogen, der ganz oben auf einem der Küchenschränke im ersten Zimmer gegenüber der Eingangstür stand. Er hatte natürlich nichts zu befürchten, ich wäre nie drangekommen. Da mein Vater früher Gendarm war, hatte ich trotzdem einen vagen Begriff von diesen Dingen.

»Wozu dient diese Pistole?«

»Nun, manchmal läuten komische Leute an der Tür.«

Er machte Anspielungen auf »jemanden aus der Gang«, von dem ich weder die Silhouette noch das Gesicht zu sehen bekommen habe. Wenn ich in diesem Moment in dem zweiten Zimmer war, schloss er sorgfältig die Verbindungstür, um die Eingangstür zu öffnen, und da die Fensterläden auf meiner Seite geschlossen waren, hörte und sah ich nichts. Ich machte auch keine Anstrengungen, denn die Weisung lautete ja: Keine Bewegung, kein Ton. Alles, was von draußen, also von diesem nebulösen Stabsquartier, kam, stellte eine Todesgefahr dar. Ich sagte mir: »Gut, er hat eine Waffe, um mich zu beschützen.« Das war ein Requisit mehr in dem Szenario, das er für mich erfunden hatte.

*

In meinem Kellerloch bekam ich wirklich klaustrophobische Zustände. Dieses scheußliche Gelb auf den Wänden machte mich ganz krank, der Schaumgummi meiner Matratze löste sich auf, mal war mir zu kalt, mal zu heiß in diesem feuchten Keller, und ich hatte rasende Zahnschmerzen. Als ich mich einmal beklagte, sagte er nur: »Wenn du Schmerzen hast, reiße ich ihn dir raus …«

Ich war zwei Jahre im Verzug mit dieser dummen Zahngeschichte. Man hatte mir schon mehrere Milchzähne gezogen, doch vier mussten noch raus. Die neuen wuchsen und fanden keinen Platz. Ich hatte höllische Schmerzen, und da das Brot verschimmelt war und die Konserven ekelhaft, stürzte ich mich auf die Nic-Nac-Kekse, die ziemlich hart waren und mein Zahnfleisch verletzten. Ich musste betteln und weinen, um eine Zahnbürste zu bekommen, doch ich konnte sie nur benutzen, wenn er mich nach oben mitnahm. Keine Zahnbürste also, wenn er auf »Geschäftsreise« war. Keine Handwäsche für mein Höschen, ich konnte es nur oben im Badezimmer waschen. Wenn ich meinen Wasserkanister benutzte, um es wenigstens auszuspülen, dann hatte ich nicht genug Wasser zum Trinken. Dasselbe galt für die Gesichtswäsche: Ich hatte nichts, keinen Waschhandschuh, keine Seife, kein Handtuch. Manchmal gab ich ein wenig Wasser in meine Tasse, um mein Gesicht etwas zu bespritzen, und ich trocknete mich mit dem Laken ab, das meine armselige Matratze bedeckte, doch ich fühlte mich mit jedem Tag schmutziger. Und wenn er mich oben im Badezimmer wusch, dann rieb er so fest, dass meine Haut abging und ich krebsrot wurde.

Ich konnte ja immer noch träumen von der Badewanne zu Hause, von der Seife, die gut roch, von dem weichen und sauberen Frottiertuch. Ich fragte mich manchmal, was meine Eltern denken würden, wenn sie mich in diesem Zustand sähen, wenn sie wüssten, wie schrecklich es für mich ist, dieses brutale und scheußliche Scheuern zu ertragen, von dem ich gar nicht sauber werde.

Das schlimmste, wenn dieser Geisteskranke verreiste, war der Toiletteneimer. Ein Alptraum. Ich konnte ihn nicht leeren, bevor er zurückkam. Und wenn er sechs Tage verreist war, hatte ich das Ding sechs Tage neben mir. Ich konnte nur im stillen schimpfen, selbst wenn ich Lust hatte, mit den Fäusten gegen die Wände zu trommeln. Wenn er fort war, herrschte totale Stille im Haus. Für den Fall, dass

»jemand von der Gang«, der Chef selbst vielleicht, kommen würde. »Er könnte dich hören!«

In Wirklichkeit hätte ich aus vollem Hals schreien müssen, damit man etwas hörte. Die Tür zur Kellertreppe war immer verschlossen, doch die Weisung, still zu sein, hat leider bis zum Ende funktioniert, so sehr hatte ich Angst. Wie meine Vorgängerinnen, denke ich mir.

Eines Tages, ich weiß nicht mehr, wann, beschloss ich, um mir die Zeit zu vertreiben und zu vergessen, dass er zurückkommen und wieder »seine Sachen mit mir machen« würde, noch einmal die Rumpelkammer zu durchwühlen, einfach weil er es verboten hatte. Ich hatte es satt, Sätze abzuschreiben, hatte das idiotische Spiel satt, hatte alles satt, vor allem ihn. Ich hatte Lust, aufmüpfig zu sein: »Du willst nicht, dass man in deinen Sachen schnüffelt. Dann stecke ich gleich mal die Nase hinein!«

Trotzdem ging ich vorsichtig vor, damit er bloß nichts bemerkte. Es lagen Einzelteile von einem Computer herum. Viele Kartons, die ich nicht angerührt habe, weil sie fast bis zur Decke gestapelt waren. Wenn ich einen herausgezogen hätte, wäre der ganze Stapel zusammengebrochen. Es war schwer, sich in diesem Teil des Kabuffs zu bewegen, weil die Stange, die die Schienen der zweihundert Kilo schweren Betontür stützte, hinderlich war. Doch in Reichweite fand ich Schuhkartons, die mit Papieren gefüllt waren. Ich habe sie nicht systematisch durchsucht, aus Angst, er könnte plötzlich zurück sein. Ich bin auf ein Notizbuch gestoßen, von dem ich nicht wusste, dass es etwas mit meiner Entführung zu tun haben könnte. Es war mit dem Namen Michèle Martin versehen. Seine Frau, die Mutter seiner drei Kinder, aber vor allem seine Komplizin … Das sagte mir natürlich damals gar nichts.

Doch ich habe auch Fotos von nackten Mädchen gefunden; sie waren von schlechter Qualität, aus der Froschperspektive aufgenommen.

»War ich das?«

Bei näherem Hinsehen konnte ich erkennen, dass ich es tatsächlich war in dem berüchtigten Zimmer. Das Gesicht gezeichnet von Angst, die Augen geschwollen vom Weinen, der Körper mit roten Flekken übersät. Ich stand an diesem ersten oder zweiten Tag – ich weiß es nicht mehr – noch unter dem Einfluss der Medikamente.

Ich hatte Lust, sie zu zerreißen, doch dann dachte ich, wenn er sie suchen und nicht finden würde, müsste ich mit einer schweren Strafe rechnen. Ich konnte sie nur an einem anderen Ort verstecken und hoffen, dass sie dort blieben, bis ich vielleicht eines Tages dieser Hölle entkommen war. Es war erbärmlich, mich so zu sehen, ich hätte mich fast nicht wiedererkannt.

In diesem Schuhkarton waren auch Papiere,

Schlüssel und Schlüsselanhänger. Keine weiteren Fotos. Mit den Schlüsseln konnte ich in meinem Versteck nichts anfangen. Ich kannte den von der Eingangstür, den ich oft aus der Ferne beäugte.

Ich sagte mir, dass es in diesem Gerümpel nichts gab, das mir mein Leben in diesem Rattenloch ein wenig erleichtern könnte. Und in dem Augenblick, als ich mich aufrichtete, entdeckte ich eine seltsame kleine Dose, versteckt in der Schiene, mit der die Tür des Verstecks angehoben wurde. Die Schienen bildeten ein U, und die Dose war hier abgestellt worden. Sie war neu, wenn auch innen ganz dreckig und bis zum Rand voll mit Pistolenkugeln. Anscheinend fehlte keine. Ich dachte, sie passten in die Waffe, die er mir im Erdgeschoss gezeigt hatte. Ich stellte die Dose an ihren Platz zurück und war mir sicher, dass er, solange die Kugeln hier blieben, die Waffe auch nicht benutzen konnte. Das war albern, denn er hatte sicher noch weitere in den oberen Zimmern versteckt.

Später habe ich erfahren, dass man bei einer Hausdurchsuchung eine zweite Waffe in seinem Kabuff gefunden hat. Wenn ich sie selbst entdeckt hätte und wenn die Kugeln aus der Dose dazugepasst hätten – ob ich den Mut gehabt hätte? Peng! Und es wäre vorbei gewesen?

Ich habe alles wieder an seinen Platz gestellt, bevor er zurückkam. Als er da war, rief er mit seiner komischen Stimme und dem Akzent, der mir auf die Nerven ging: »Ich bin's …«

Dann wurde das Regal leer geräumt, die schwere Tür geöffnet, damit ich herauskonnte.

*

Oben in der Marterkammer hörte ich die Züge vorbeifahren, das war schrecklich. Früher, wenn ich bei meiner Großmutter schlief, konnte ich auch die Züge hören, und das störte mich immer etwas, weil ich nur schlecht einschlafen konnte. Aber ich hatte ja Großmamas Kissen, ich legte es mir auf den Kopf und vergaß. Hier aber war es schlimmer: Mir war, als würde jeder Zug über das Dach des Hauses hinwegfahren, und es fuhren viele. Ich habe sie nicht gezählt. Ich habe sie nicht durchs Fenster gesehen, aber mein Gehör sagte mir, dass es täglich mindestens zehn oder fünfzehn waren, und ich konnte das Geräusch nicht mehr ertragen. Ich hörte sie weniger, wenn ich in dem Versteck war, der Beton dämpfte den Lärm. Aber dort oben … einfach schrecklich. Vielleicht ist das der Grund, weshalb ich Züge nicht mag, auch wenn ich nicht an dieses Zimmer zurückdenke, oder ist es mein Unterbewusstsein? Selbst aus weiter Ferne kann ich Züge wahrnehmen. Leider bin ich heute gezwungen, täglich den Zug zu nehmen, um von Tournai nach Brüssel zur Arbeit zu fahren, und ich hasse dieses Pendlerleben. Ich hoffe, ich sterbe nicht eines Tages bei einem Zugunglück, sonst schimpfe ich noch bei meinem letzten Atemzug, dass ein Zug mich umgebracht hat!

Von Anfang an habe ich viel beobachtet. Ich stürzte mich auf meine Schulbücher, ich schrieb, ich zeichnete, doch ich hatte Angst, bald nichts mehr zu lesen zu haben. Ich hörte auch Musik, doch sie erinnerte mich oft an mein Leben davor, und dann brach ich in Tränen aus. Manchmal machte ich auch gar nichts; ich stellte mir immer wieder Fragen zu diesem permanenten Widerspruch: »Er behauptet, mein Retter zu sein, tut mir aber Böses an.«

Und ich wurde wahnsinnig, so ganz allein in diesem winzigen Kellerloch, es war einfach furchtbar. Ich konnte mich nicht mal im Spiegel sehen und mit mir selbst sprechen. Ich hatte immer Angst, meine zeitliche Orientierung zu verlieren. Wenn er mich nach oben kommen ließ und ich sah, dass es Tag war, prüfte ich, wenn ich in mein Versteck zurückkam, sofort die Uhrzeit. Ich notierte – ein Kreuz bedeutete, dass ein Tag verstrichen war –, wenn er mich nicht geholt hatte. Ich stellte meinen Toiletteneimer zur Seite und setzte mich auf die Matratze, um zu schreiben, denn das erbärmliche Brett an der Wand war als Schreibunterlage nicht zu gebrauchen. Ich veränderte meine Stellung, drehte mich im Kreis, doch die Wände waren noch immer da. Also klammerte ich mich auch an die »guten Dinge«, wenn man so sagen kann. Wenn er aufgehört hatte, »seine Sachen« mit mir zu machen, ließ er mich zwei Stunden fernsehen, und ich war froh, auch wenn er immer neben mir hockte, dieser große Feigling. Und selbst wenn die Sendung, die er gewählt hatte, völlig idiotisch war, so hatte ich doch wenigstens Bilder, die mich mit der Außenwelt verbanden. Manchmal bekam ich auch eine Cremespeise oder drei Bonbons von ihm, und weil ich so wenig Gutes zu essen bekam, verschlang ich das Schälchen genussvoll, auch wenn ich es im voraus mit irgendeiner Schweinerei bezahlt hatte und es mir sehr schwerfällt, es einzugestehen. Ich »zappte« den widerlichen Augenblick davor schnell weg, indem ich mir sagte: »Komm, iss deine Nachspeise, lutsch deine Bonbons und sieh fern!«

Ich war in der Lage, diesen Widerstand aufzubringen, wohingegen mich die kleinste Veränderung aus der Fassung brachte. Wenn er sich zum Beispiel eines Tages links neben mich an den Tisch setzte, wo er doch sonst immer rechts saß, verstörte mich das jenseits aller Logik.

Oder als er beschloss, dass wir von jetzt an nicht mehr im vorderen, sondern im zweiten Zimmer essen würden, war ich schrecklich verängstigt.

»Warum? Was ist los?«

Das war ihm natürlich völlig egal, er hatte ja seine Orientierungspunkte, der Saukerl. Er konnte raus und in seinem elenden Klapperkasten durch die Gegend fahren und frische Luft tanken, während ich in meinem feuchten Kellerloch erstickte.

*

Im Versteck begann es von winzigen braunen Tieren zu wimmeln, die etwas fliegen konnten und die ich angewidert zerquetschte. Es graut mir vor Insekten, egal welchen. Ich war mit roten Flecken übersät, und ich kratzte mich ständig. War es psychisch begründet, oder haben sie mich wirklich gestochen? Ich weiß es nicht. Am Anfang sah ich nur hin und wieder eins oder zwei. Dann wurde eine richtige Invasion daraus.

Ich lebte ja schon wie ein Tier – und jetzt sogar inmitten von Tieren. Er hat mein Versteck mit Insektenspray ausgesprüht, und zwei Tage lang konnte ich nicht dort schlafen, sonst wäre ich wohl wirklich erstickt. Ich bin oben im Zimmer geblieben.

Eines Tages habe ich nach einer Heftzwecke oder irgend etwas Spitzem verlangt. Ich hatte Löcher in den Ohrläppchen, da wir aber am 28. Mai in der Schule Schwimmen hatten, hatte ich meine Ohrringe nicht angelegt. Ich wollte nicht, dass die Löcher wieder zuwuchsen. Doch dieses Mal lehnte er ab. Zum Glück fand ich irgendwo eine Büroklammer, bog sie auseinander, stieß sie jeden Tag durch beide Ohrläppchen und deponierte sie dann sorgfältig auf meinem kleinen Regalbrett. Ich versuchte auf erbärmliche Weise, mich ein wenig zu organisieren, wie zu Hause. Dieser Kerl bewohnte eine Müllkippe, sein Haus war dreckig, er behandelte mich wie einen Köter in seiner Hundehütte, die noch dreckiger war als der Rest, und ich brauchte unbedingt kleine Rituale, um durchzuhalten. Ich glaube, ich versuchte verzweifelt, vom kleinsten Detail ausgehend, eine gewisse Logik in diese Irrengeschichte hineinzubringen.

Er hat Kaffee getrunken, ich habe keinen bekommen, doch ich habe so lange darauf beharrt, bis er mir eine winzige Kaffeemaschine gegeben hat. Mir war kalt, und ich habe nach einer kleinen Heizung verlangt. Ich habe ihn bedrängt, sobald ich Gelegenheit dazu hatte. Ich hielt durch, ohne zu wissen, wie. Ich war vielleicht hart, von seinem Standpunkt aus betrachtet – er hat mich, glaube ich, sogar »Nervensäge« genannt –, und doch holte mich bei meinen ständigen Weinkrämpfen die Verzweiflung wieder ein. Eines Tages habe ich bemerkt, dass er Spaß an meinen Tränen hatte, und so beschloss ich, nicht mehr vor ihm zu weinen. Und schließlich bestand ich einfach auf einer Süßspeise, auf Bonbons oder eine Frucht, wenn er sie mir nicht gab. Ich konnte es nicht ertragen, dass er mir an einem Tag etwas gab und am nächsten nicht.

Ich wehrte mich, so gut ich konnte, wurde immer aggressiver und versuchte, die tödliche Bedrohung zu vergessen, die über mir schwebte. Doch was ich auch tat, sie verfolgte mich im Dreck und in den Tränen.

Zweieinhalb Monate bin ich im selben Schlüpfer herumgelaufen. Ich wusch ihn, wann ich konnte, im Waschbecken, oben im Badezimmer, obwohl ich wusste, dass er zwei Tage zum Trocknen brauchte und ich keinen anderen hatte. Gegen Ende der ersten Woche fühlte ich mich schon ganz schmutzig, ich verlangte nach sauberer Kleidung, doch er dachte gar nicht dran, mir welche zu geben. Statt dessen sagte er: »Gut, ich werde dich waschen …«

Ich hatte mir ein weiteres Martyrium eingehandelt.

Schließlich hat er mir großzügig ein Paar Shorts und ein kleines T-Shirt bewilligt, die er aus dem riesigen viertürigen Wandschrank genommen hatte, der mit Frauen- und Kindersachen vollgestopft war. Es gab sogar einen Teddybären in dem Zimmer und im Erdgeschoss eine Wiege, obwohl er doch behauptete, weder Frau noch Kind zu haben. Und er hämmerte mir ein, »ich« sei seine Frau.

Ich sagte mir: »Spielen *Sie* mit der Wiege? Gehören *Ihnen* die Teddybären? Und die Kleider, gehören die Ihnen auch?«

Ich siezte ihn immer, nicht nur, um den nötigen Abstand zu wahren, sondern auch, weil ich hoffte, wenn ich korrekt mit ihm sei, würde er es auch mit mir sein … Er ist ein Lügner. In meinem Kopf mache ich mich über ihn lustig, über ihn und seinen scheußlichen Kamin, auf den er so stolz ist, und er glaubt mir, der Idiot. Er gibt vor, intelligent zu sein, alles zu wissen, obwohl er eine Null ist und schmuddelig dazu. Wenn er wirklich Kinder hat, kann ich sie nur bedauern, mit ihm leben zu müssen.

⋆

Eines Tages kündigt er mir an, dass er für mehrere Tage auf »Dienstreise« geht. Schluss mit den Mahlzeiten oben, dem üblen Fraß, Schluss mit der Marterkammer – Friede für mehrere Tage. Statt dessen die Nic-Nac-Kekse, der Toiletteneimer, die ekligen Konserven. Ich notiere am Tag seines Aufbruchs »fort« in meinen Kalender. Am Tag seiner Rückkehr trage ich ein »R« ein. Ich glaube, er ist für fünf Tage verreist.

Plötzlich ist es stockfinster! Kein Licht, kein Ventilator, keine Heizung. Ich hockte da in totaler Dunkelheit, wie in einem Grab. Ich wurde von Panik ergriffen. Ich stellte alles auf den Kopf in diesem Verschlag. Ich versuchte, die Glühbirnen einzuschrauben, loszuschrauben, der Schalter funktionierte nicht. Ich hörte den Ventilator nicht surren. Es war also ein Stromausfall, und ich würde ohne Luft ersticken, ich erstickte schon vor Angst. Er hatte mich gewarnt, keinen Lärm in meinem Versteck zu machen, verschiedene Leute hätten Zugang zum Haus. Doch das war mir in diesem Moment egal. Ich brüllte und rief nach ihm, obwohl er doch längst fort sein musste.

»Ich bin im Dunkeln! Es gibt keinen Strom! Kommen Sie runter!«

Als ich merkte, dass niemand kam, habe ich mich langsam beruhigt. Zum Glück hatte ich bald wieder Strom, denn wenn ich stundenlang im Dunkeln und ohne Luft gehockt hätte, wäre ich verrückt geworden.

Aber diesmal war ich auf Touren, ich hatte die Nase voll von diesem Rattenloch, und ich sagte mir: »Ich haue ab!«

Ich hatte zwar die Mechanik begriffen, war aber nicht stark genug. Ich habe mich mit dem Rücken an die zweihundert Kilo schwere Betontür gestellt, mich mit den Füßen an dem Stapel mit den Kartons und dem Gerümpel abgestützt und mich dagegengestemmt, um das Schienensystem über meinem Kopf in Gang zu setzen. Mit der Kraft meiner dreißig Kilo, den Körper maximal gekrümmt, habe ich gegen die Tür gedrückt. Ich konnte sie ein paar Zentimeter öffnen, aber ich war völlig erschöpft und musste eine Pause einlegen. Ich hatte nicht genügend Halt, und die Kartons bewegten sich, wenn ich mich mit den Füßen dagegenstemmte.

Ich habe Wasser getrunken, um wieder zu Kräften zu kommen. Dann habe ich noch einmal in derselben Position versucht, die zweihundert Kilo Beton zu bewegen. Und dabei ist es passiert. Es gab zwei Schienen mit Rollen, auf denen sich die Tür bewegte, und dazu eine Eisenstange, die als Gegengewicht diente und im unteren Teil der Tür steckte. Und die hat sich gelöst.

Die Geheimtür blieb also einen Spaltbreit geöffnet. Nur fünf Minuten hatte ich Hoffnung haben können. Jetzt konnte ich die Tür weder schließen noch weiter öffnen. Und unmöglich, drunterherzukriechen, dazu war der Spalt viel zu klein.

Von außen hatte man Halt, und er konnte sie an den Streben des Regals anheben, innen aber war nur Beton. Ich konnte sie nicht mehr schließen, nicht einmal so tun, als hätte ich nichts angerührt! Ich habe mich also in den Teil zurückverkrochen, der für mich reserviert war, habe mich auf die Matratze gekauert, habe versucht zu lesen, in die Rolle des »braven Mädchens zu schlüpfen, das nichts Böses getan hat«. Wie ich mir auch den Kopf zermarterte, ich konnte kein Argument finden, das meinen Versuch rechtfertigte. Doch ich versuchte, mich innerlich zu wappnen, mich auf eine Strafe gefasst zu machen, von der ich nicht wusste, wie heftig sie ausfallen würde. Ich dachte: »Er wird mich lynchen.«

Plötzlich hörte ich Geräusche auf der Treppe. Ich dachte: »Jetzt ist es soweit – er wird mich umbringen.« Ich habe mich unter die Decke verkrochen, wie ich es immer tun musste, bis er sagte: »Ich bin's.«

Normalerweise öffnete er die Tür, und normalerweise konnte ich die Decke zurückschlagen, beruhigt, dass mein »Retter« gekommen war. Er hat gebrüllt und mich mit allen möglichen Schimpfwörtern belegt.

»Bist du wahnsinnig? Und wenn jetzt der Chef gekommen wäre und gesehen hätte, dass die Tür offensteht! Weißt du, was er mit dir gemacht hätte? Wenn du das Haus verlassen hättest, hätte er dich getötet! Er hat kein Problem damit, Leute umzubringen! Und vorher hätte er Dinge mit dir gemacht, die du dir nicht mal vorstellen kannst!«

Ich war auf Schläge gefasst, jedenfalls auf irgendeine Strafe. Doch er bombardierte mich nur mit Drohungen und verschiedensten sadomasochistischen Foltermethoden, von denen ich in meinem Alter in der Tat keine Vorstellung hatte. Reiner Horror auf jeden Fall.

Er hat mich nicht geschlagen, das hat er nie gemacht. Er brauchte nur die Hand zu heben, so als wollte er es tun: Ich sah die Brutalität in seinen Augen, in seinem zornverzerrten Gesicht. Das genügte schon, um mich zum Schweigen zu bringen oder mich einzuschüchtern.

Er hat den Schaden an der Geheimtür behoben, und ich habe nie wieder versucht zu entkommen. Dieser Kerl hatte eine ungeheure Macht über die Psyche eines Kindes meines Alters. Ich fühlte mich fortan noch verlassener, noch verzweifelter. Und mir wurde klar, wie verrückt mein Versuch gewesen war. Wenn er geglückt wäre – vorausgesetzt, dass ich auch die obere Treppentür und die Eingangstür hätte öffnen können –, so hätte ich mich doch mitten im Stabsquartier befunden, in den Händen eines Folterknechts, der nur darauf wartete, mich quälen zu können, bevor er mich umbringt, und warum nicht mit einer Kugel in den Kopf … Ich konnte mir alles vorstellen, ich hatte inzwischen genügend grässliche Details im Kopf, um mir ein solches Ende auszumalen. Ganz abgesehen von den Vergeltungsmaßnahmen, unter denen meine Eltern meinetwegen zu leiden hätten.

Schuld ist eine Waffe, so wirksam wie ein drohender Revolver.

Wenn ich bedenke, dass dieses Monster letztendlich nur eines wollte: seine perversen Gelüste an Kindern befriedigen, die so lange lebten, wie es ihm passte, und ihm total ausgeliefert waren, dass er seit Jahren Frauen vergewaltigte, dass er deshalb im Gefängnis gesessen hatte und dass er jetzt auf kleine Mädchen zurückgriff und sich geschworen hatte, sich nicht wieder fassen zu lassen! Ich war nicht weit vom Tod entfernt. Und das ist ein Gefühl, das sich ganz tief und für immer in mir eingegraben hat.

Ich habe nie an Selbstmord gedacht. Zum einen hätte ich gar nicht die Möglichkeit dazu gehabt, zum anderen entspricht Selbstmord wohl auch nicht meinem Temperament. Zum Glück war ich, ohne mir dessen bewusst zu sein, eine »Lebende«. Immer war irgendwo etwas Hoffnung; sie hatte keinen Namen und kein greifbares oder logisches Anzeichen. Sie war nur winzig und doch im grässlichen Alltag irgendwo verborgen. Während meiner ständigen Forderungen, um den »Komfort« in meinem Verlies zu verbessern, habe ich ihm eines Tages gesagt, dass ich zu Hause mit einem Teddybären schlief. Er hat mir ein altes, völlig zerrupftes Stofftier gegeben, das vielleicht einmal einem Bären oder Hund geähnelt hatte. Es war wie der Besitzer dieses Hauses: erbärmlich.

Eines Tages werde ich dieser Hölle entsteigen. An diesen Gedanken musste ich mich Tag für Tag klammern. Denn im Laufe der Zeit kam es allzuoft vor, dass die Nerven mit mir durchgingen.

4
Sonntag, der 14. Juli 1996

Sonntag, der 14. Juli 1996

Ihr Lieben, Maman, Papa, Großmama, Nanny, Sophie, Sébastien, Sam, Tifi und alle anderen!

Ich habe den Mann, der mich bewacht, gebeten, an euch schreiben zu dürfen, denn eure Geburtstage, Maman, Sophie und auch Sam, nahen in Riesenschritten. Ich bin soooo traurig, dass ich euch keinen fröhlichen Geburtstag wünschen und keinen dicken Kuss geben kann und auch kein Geschenk für euch habe!! Ich hatte mir vorgenommen, dir, Maman, einen großen Freesienstrauß mit ein paar Rosen oder Gartenblumen zu überreichen. Hätte ich genügend Geld gehabt, wollte ich dir, Sophie, einen Parker-Füller schenken, nachträglich vielleicht auch Maman einen, denn ich weiß, dass sie ihn auch schön findet. Sam, du solltest ein »kleines« Spielzeug oder eine Packung Hundekuchen bekommen! Dafür müsste ich aber Geld haben und vor allem …

»BEI EUCH SEIN«, und das ist mein allergrößter Wunsch …
Es geht aber leider nicht. Wenn ich nach Hause käme, würden sie uns ALLE umbringen, und deswegen will ich es auch gar nicht!! Lieber schreibe ich euch und bleibe hier, als zu Hause, aber tot zu sein. Hoffentlich habt ihr meinen Brief gelesen und euch darüber gefreut, denn alles, was ich geschrieben habe, ist wirklich wahr! Ich habe euch furchtbar lieb, denke sehr oft an euch und weine vor Sehnsucht nach euch, aber LEIDER glaube ich, dass ihr mich nie wiedersehen werdet. Hoffentlich denkt ihr auch oft an mich.
Wenn ihr etwas esst, was ich gern mochte, oder wenn ihr ein Lied hört, nach dem ich verrückt war oder zu dem ich getanzt habe, ob ihr dann wohl an mich denkt? Ich wüsste auch gern, ob ihr so wie früher tanzt, euch im Takt wiegt oder singt, wenn ihr Musik hört. Ich hoffe so sehr, dass ihr euch amüsiert und gut esst (auf jeden Fall besser als ich hier!). Und dass ihr an mich denken könnt, ohne euch zu sehr zu grämen!!
Manchmal ist das Essen hier gut, dann aber auch wieder ekelhaft. Es gibt nicht einen Hauch von Soße, und manchmal ist es auch zuwenig gewürzt. Soße bekomme ich ganz, ganz selten. Meist ist es dann Hackfleisch mit Tomatensoße, und das vertrage ich gar nicht gut. Ich habe euch durch den Kumpel des Mannes, der mich bewacht, einen Brief geschickt. Dieser Kumpel hat mir von euch erzählt. Demnach hat er dich, Maman, im

Krankenhaus aufgesucht, um allein mit dir zu sein. Dort hat er dir den Brief gegeben, den du auch gleich gelesen hast. Du hast ihm angeblich gesagt, ich solle mich nicht damit verrückt machen, immer auf die Ziffern des Weckers oder meiner Uhr zu starren, solle »ordentlich essen« und mich gründlich waschen. Angeblich hast du dem Kumpel des Mannes, der mich bewacht, erzählt, dass ich mich nicht immer gründlich gewaschen habe, dass es euch allen gutgeht und ihr euch damit abgefunden habt, mich nie wiederzusehen. Außerdem sollte ich den »Sex mögen«, also die Dinge, über die ich in meinem Brief berichtet habe. Angeblich möchtest du auch, dass ich zu dem Mann, der mich bewacht, freundlich bin, denn du wüßtest, dass er mich auch einem anderen aus der Gang oder einem sonstigen Bekannten »geben« könnte, wenn ich ihm auf die Nerven falle, und der würde mich foltern und umbringen, aber erst nachdem er mich hätte leiden lassen. Er hat mir außerdem erzählt, dass es Sam gutgeht und dass ihr euch auch um meinen Garten und um Tifi kümmert!

Habt ihr eigentlich alle Rettiche aufgegessen? Wenn ihr noch rote oder weiße nachsäen möchtet, gibt es noch Samen in dem Tütchen in meinem »Dockers«-Schuhkarton auf dem grauen Regal, und ich glaube, es sind auch noch einige Samen von der Blumenmischung da. Übrigens, falls ihr die Dose mit den Bonbons noch nicht gefunden habt, sie steht unter dem grauen Regal im Keller. Maman, du hattest doch gesagt, ich sollte sie verstecken. Ich hatte dir auch gesagt, wo ich sie hingestellt habe, aber vielleicht erinnerst du dich nicht mehr daran. Wenn ihr zum Abendessen oder als Nachtisch etwas esst, was ich besonders gern mochte, oder auch Kekse oder Bonbons oder sonst irgend etwas, denkt dabei an mich, denn ich bekomme eine Leckerei immer nur dann, wenn ich gemacht habe, was er wollte, wenn ihr versteht, was ich meine. Wenn wir nach dem Baden aus dem Wasser steigen, ist das Wasser ganz schmutzig, und ihr müsstet einmal seine Hände sehen, die sind schwarz wie Kohle, gut, er arbeitet vielleicht, aber trotzdem. Außerdem muss ich die Badewanne putzen! Und stellt euch vor, wenn wir fertig gebadet haben, lässt er das Wasser in der Wanne, um es zum Herunterspülen für die Toilette zu verwenden, damit er Abwassergebühren spart! Manchmal muss ich die ekelhafte Toilette (unten habe ich einen Toiletteneimer, und wenn ich nach oben gehe, leere ich ihn in die Toilette und spüle natürlich hinterher), das Waschbecken und den Boden putzen, das ist momentan alles. Ich überlege, was draußen wohl für ein Wetter ist, denn ich kann nur aus einem Fenster schauen und auch das nur, wenn ich mit ihm oben bin, außerdem ist das nur ein Fenster in der Decke, bei allen anderen Fenstern sind die Vorhänge oder Läden geschlossen. Leider kann ich nicht nach draußen gehen und laufen, Spaß haben, spielen …

Werdet ihr bei schönem Wetter das Planschbecken aufstellen? Ich würde so furchtbar gern mit euch allen und meinen Freundinnen darin baden. Es gibt da noch ein kleines Problem, und zwar will der Kumpel von dem Mann, der mich bewacht, meine Briefe nicht mehr direkt bei Maman abgeben. Er sagt, das sei zu gefährlich. Statt dessen werdet ihr meine Briefe per Post bekommen, und der Mann, der mich bewacht, wird euch anrufen, ich weiß aber nicht, wann und wen. Vielleicht wird er nach Großmamas oder irgendeiner anderen Telefonnummer fragen, ich weiß es wirklich nicht. Aber es gibt auch noch ein anderes großes Problem …

In diesem Teil meines Briefes beschreibe ich Misshandlungen, die ich hier nicht wiedergeben möchte.

… Das ist aber noch nicht alles. Nachdem ich ganz nackt schlafen muss, hat er meine Warzen gesehen! Und natürlich hat er beschlossen, sie zu behandeln. Er sagte, er wolle es mit Schwefelsäure machen. Natürlich habe ich ihm gesagt, dass sie schon mehrfach behandelt worden seien. Eines Tages kreuzte er mit ein paar Fläschchen Schwefelsäure auf. Er hat ein Streichholz gespitzt, und dann ging's los. Als er gesehen hat, wie groß die Warzen sind, hat er ein Gesicht gemacht, als wolle er sagen, sie seien wohl doch noch nie behandelt worden. Also musste ich ihm wieder weismachen, dass Papa schon eine ganze Weile dieses Verfahren

angewandt hat. Nachdem er (der Mann) es seit zwei Wochen nicht mehr gemacht hatte, fing er heute morgen wieder damit an. Normalerweise soll ich ihm sagen, wenn es brennt oder pikst, dann hört er auf. Manchmal macht er dann aber trotzdem weiter! Gestern (Samstag) habe ich gebadet, genauer gesagt, MAN hat gebadet! Da hat er mit seinen Fingern meine Haut aufgekratzt, es bildeten sich lauter Schuppen, und ich hatte überall rote Flecken! »Ich« bade jede Woche (1x), und wenn meine Haare schmutzig sind, wasche ich sie! Sie werden aber viel schneller wieder fettig, weil er kein Shampoo gegen fettiges Haar hat! Das Bad ist total verdreckt, besonders der Boden, es gibt auch keinen Badteppich, und das Zimmer hat keine Tür, sondern nur einen Vorhang! Außerdem ist das hier eine Bruchbude, in diesem »Haus« gibt es nicht einmal eine Zentralheizung. Wisst ihr, wie sehr ihr mir fehlt? Es ist so schrecklich, dass ich nicht mehr bei euch zu Hause sein kann. Mir fehlt auch das warme, saubere und schöne Badezimmer. Ich vermisse »mein« Zimmer, das auch so gemütlich warm ist, so kuschelig mit dem Federbett, dem weichen Kopfkissen, überhaupt den hübschen Kissen, Teddybären und anderen Sachen darin. Mir fehlt auch das gute Essen, Fleisch, Pommes frites, Salat, Curryhuhn, Reis, Huhn mit Reis, helle Soße … etc.
Ich wäre froh, wenn ihr euch ein wenig um die Hütte kümmert. Habt ihr den Spiegel wieder aufgehängt?

Ich habe euch deshalb von den Warzen und der Infektion erzählt, damit ihr … na ja, wenn er euch am Telefon fragt, was ihr dagegen gemacht habt, und ihr gar nichts davon wisst, wird er vielleicht misstrauisch und dann böse zu mir sein. In den letzten Tagen »belästigt« er mich fast ständig, aber ich muss tun, was er will. Manchmal kann ich fernsehen, aber …

Hier lasse ich einige Einzelheiten weg.

… das ist wirklich nicht lustig. Außerdem kann ich erst gegen Mitternacht schauen, und da gibt es fast nichts mehr. Nur einmal konnte ich den Schluss von »Emergency Room« sehen, es war die Folge, wo Dr. Ross im Hubschrauber ein Kind gerettet hat. Ich würde gern auch Doktor Quinn oder Melrose Place sehen.
Ich war in den letzten Tagen krank, mein Kopf fühlte sich an wie in einem Schraubstock, die Nase war verstopft, und der Nacken und die Ohren taten weh! Er hat mir einen Sirup und Nasentropfen gegeben. Die Tropfen heißen Nebacetine. Ich bin nicht einmal sicher, ob die Medikamente, die er mir gibt, noch gut sind und ob sie für die Beschwerden richtig sind. Außerdem trinke ich nur Milch und Leitungswasser. Wenn ich oben bin, darf ich manchmal eine Cola oder einen Kaffee haben und hin und wieder ein kleines Bonbon. Fast alles, was er mir gibt, ist schon abgelaufen. Er behauptet aber, das Datum auf der Verpackung

sei das Verkaufsdatum! Er musste fünf Tage auf »Dienstreise« gehen und hat mir Schokolade gegeben, auf der als Verfallsdatum 1993 stand! Sie hat ein »bisschen« alt geschmeckt, ich habe sie aber trotzdem gegessen! Außerdem sind alle Sachen, die er mir gibt, Noname-Produkte. Ich finde ja nicht, dass man immer nur Markenartikel kaufen muss, aber trotzdem. Sogar die Damenbinden, die er mir gegeben hat (für den Fall, dass), sind no name. Er selbst trinkt aber Cola (die richtige Marke Cola!!!), isst Nutella etc.
Meine Anziehsachen haben so gemuffelt, dass er sie zum Waschen mitgenommen hat. Statt dessen hat er mir ein kleines Sommerhemdchen mit kurzen und zu engen Ärmeln und ein kleines Badehöschen gegeben.
Maman, wenn er dich anruft, sage ihm bitte (falls er die Sachen bis dahin nicht schon gewaschen hat), wie er den roten Pulli, den ich von Großmama habe, am besten wäscht, damit er ihn nicht verdirbt (ich glaube, er hat keine Waschmaschine und keinen Trockner). Maman, gib Großmama jedes Mal, wenn du sie siehst, einen dicken Kuss von mir (oder auch mehrere), und bevor du schlafen gehst, küsse SAM aufs Ohr und überallhin. Und ihr anderen, stellt euch vor, dass ich euch morgens und abends oder sonst irgendwann einen Kuss gebe. Ich schicke euch tausend Küsse, wünsche euch tausend Geschenke und das Allerbeste und auch einen schönen Geburtstag (Maman und Sophie).
Manchmal schaue ich auf die Ziffern von meinem

Wecker und erzähle euch dabei, was ich tue oder was ich tun sollte, ich wünsche euch viel Mut, auch wenn ihr nicht zur Arbeit müsst, schicke euch unendlich viele tausend Küsse, erzähle euch, wie furchtbar lieb ich euch habe und dass ich euch alles, alles Gute wünsche und es mein größter Wunsch ist, euch sehr, sehr, sehr bald wiederzusehen und zu umarmen.
Wie ich hörte, hast du meine Sachen in Kartons gepackt. Stimmt es, was du im Krankenhaus angeblich gesagt hast? Erzähle am Telefon bitte ganz viel, damit ich etwas von euch erfahre, da ich weder Fotos noch Briefe von euch haben darf. Hast du das Album mit den Fotos von Sam gefunden? Ich hatte es eigentlich für den Muttertag gemacht, habe es dann aber so gut versteckt, dass ich es völlig vergessen habe, bitte verzeih mir. Hoffentlich gefällt es dir.
Ich warte UNGEDULDIG auf Nachricht von euch!!!

PS: Wie machst du eigentlich den Rostbraten? (Sage es bitte dem Mann.)
PS: Erzähle am Telefon, was Papa zum Vatertag bekommen hat und welche Geschenke es zu deinem und auch Sams Geburtstag gab!
PS: Hoffentlich gefallen euch die Zeichnungen. Achtet nicht auf meine Schrift und die Rechtschreibfehler.
NB: Wenn ich nichts mehr zu lesen habe oder Sega mich nervt, beschäftige ich mich ein bisschen mit mei-

nen Schulbüchern. Dann habe ich noch vergessen zu erzählen, dass ab August vielleicht noch ein anderes Mädchen hier sein wird. Vielleicht bekommen wir dann ein größeres Versteck mit Badewanne, Waschbecken etc.
In meinem jetzigen Versteck habe ich immerhin Nic-Nac-Kekse, Brot, Margarine (keine Butter), Knoblauchquark (nicht so gut wie Garli) und Konservendosen (schmecken nicht alle gut).
Noch etwas habe ich vergessen: Wenn er mich behandelt, sagt er immer: »Ich bin Arzt, ich weiß das besser als deine Mutter (er weiß, dass du Krankenschwester bist), ich weiß fast alles und kann fast alles ...« (Dabei war er praktisch nie in der Schule). Aber was wird er machen, wenn ich einmal Probleme mit meinen Zähnen oder Karies bekomme oder irgendwas an den Augen, mit dem Bauch oder so?

Ich habe euch alle sehr lieb
Ich schicke euch tausend Küsse
FÜR IMMER
Von dem Mann, der mich bewacht, habe ich auch erfahren, dass er von irgend jemandem gehört hat, Papa habe Ärger mit dem Chef gehabt, als er noch Gendarm war, oder habe sich von ihm Geld leihen wollen und es vielleicht nicht zurückgegeben, und dass der Chef deshalb mich ausgesucht hat, um euch etwas anzutun! (Vielleicht ist es aber auch aus einem anderen Grund.)

Es wäre so schön, wenn ihr dem Chef das Geld geben könntet, um mich »zurückzubekommen«, ihr müsstet irgend jemanden darum bitten. Aber das wäre viel zuviel Geld, denn ihr müsstet noch mehr Geld beschaffen, weil er ja denkt, dass ich tot bin, deshalb möchte er sicher noch mehr!!!
Wie haben sie eigentlich in der Familie und der Schule reagiert, als sie es erfahren haben?
Sagt dem Mann, wann ihr arbeitet, wie euer Dienstplan ist!
Das Klopapier ist übrigens wie im Krankenhaus, rauh und dünn. Jedes Mal, wenn ich auf die Toilette gehe, rutsche ich mit den Fingern durch, das ist gar nicht angenehm!
Manchmal, wenn der Chef oder die anderen mehrere Tage bleiben, kann er mich nicht holen, und dann bin ich manchmal mehrere Tage ohne richtige Mahlzeit!
Ich hoffe, dass ich euch wieder einmal schreiben kann, und falls es länger nicht geht, wünsche ich euch schon jetzt das Beste (zum Geburtstag … etc.).
Und hoffentlich denkt ihr an mich!

Ich habe euch lieb,

Sabine

Ich wünsche euch wunderschöne Ferien, sagt dem Mann, ob ihr arbeitet oder ob und bis wann ihr Urlaub habt!

Ich schrieb immer mehrere Tage an einem Brief, damit ich möglichst viel zu erzählen hatte. Dieser stammte vom 14. Juli, in meinem Kalender habe ich vor dieses Datum »Brief« geschrieben. Vom 16. Juli bis 23. Juli (jeweils Dienstag) habe ich »weggefahren« geschrieben, das heißt, das Ungeheuer war auf einer »Dienstreise«, und ich war allein in meinem Versteck.

Aus allen Briefen kann man meine Schuldgefühle herauslesen. Nicht aus der Tatsache, dass sie das Lösegeld nicht zahlen wollten, aber aus allem anderen. Ich hatte geschrieben: »Wenn ich zurückkomme, werde ich nicht mehr so egoistisch sein«, dabei glaube ich gar nicht, dass ich sehr egoistisch war. Inzwischen bin ich es, weil es nötig ist, weil ich es brauche, aber ich glaube, ich habe mir zu viele Gedanken um sie gemacht. Ich war dort eingesperrt und dachte: »Vielleicht war ich zu sehr dies, zu sehr das …, dabei war ich zuwenig dies, zuwenig das …«

Ich glaubte, ich würde für alles bestraft, was meine Eltern mir je vorgeworfen haben: dafür, nicht genügend zu lernen, im Haushalt zuwenig zu helfen … Deswegen schrieb ich: »Ich werde besser gehorchen, werde freundlicher sein …« Im nächsten Brief drehte ich den Spieß um und schrieb: »Wenn ich nicht nett wäre, warum würde ich dies oder das für euch getan haben?« Ich habe also versucht, die Schuldgefühle mit der Situation in Verbindung zu bringen. Ich widersprach mir, ohne mir dessen bewusst zu sein; das war aber nur die Weiterführung der Gedanken, die mir im Kopf herumgingen.

»Ich werde bestraft? Aber wofür eigentlich?«

Ich war zwar kein Musterkind, aber im Grunde war ich ganz in Ordnung. Da ich viele Freunde hatte, war ich nicht viel zu Hause. Mit zwölf Jahren muss man sich aber auch nicht wie das Dienstmädchen im Haus fühlen, vor allem nicht, wenn man zwei ältere Schwestern hat. Ich wollte noch spielen und nicht zum Staubsaugen, Staubwischen und Geschirrspülen verpflichtet sein. Ich war schon manchmal eklig, meine Schwestern konnten aber auch unausstehlich sein.

Daher fragte ich mich, ob es normal ist, dafür bestraft zu werden. Und noch dazu auf diese Art.

Ich schrieb, zeichnete, betrachtete den Wecker, schrieb an einem unfertigen Brief weiter, sammelte die Kügelchen aus den Tintenpatronen, um sie meiner Schwester zu schicken.

Ich hatte begonnen, für Großmama und die ganze Familie Gedichte zu schreiben, hatte Kreuzworträtsel abgeschrieben, eine Liste aller Grammatikfehler und falsch verwendeten Wörter erstellt, die ich finden konnte, und sogar eine Empfehlung abgeschrieben, wie man sich im Wachstum richtig ernährt! Vor allem bemühte ich mich um eine schöne Schrift, als wäre ich in einer Prüfung! Es kam aber auch vor, dass ich meinen Briefen in Eile einige Blätter hinzufügte, und als ich sie später wiedersah, fiel mir auf, wie sich meine Schrift verändert hatte. Sie war kraftvoller, weniger kindlich geworden.

»… Nachdem ich sicher nur zurückkommen werde, wenn ein Wunder geschieht, kann Papa meinen Radiowecker haben, und ihr könnt euch alle etwas von meinen Sachen nehmen …
Auch wenn ich nie zurückkomme, werft bitte nichts von meinen Sachen weg (hebt sie bitte auf) … denkt an mich … wenn ihr Bonbons esst.«

Dienstag, den 23. Juli habe ich in meinem Kalender mit einem roten Stern markiert, das bedeutete »sehr, sehr schlimm«. Er kam von einer »Dienstreise« zurück, holte mich aus meinem Versteck, und als ich sehr viel später, am Ende meiner Kräfte, wieder in den Schutz dieser schmutzigen Gruft zurückkehrte, habe ich weitergeschrieben. Dieser Brief, den ich speziell an Maman adressiert habe, kann hier keinesfalls ungekürzt wiedergegeben werden. Meine Mutter hat ihn übrigens nie gelesen, nachdem die Untersuchungsbeamten ihn unter der Fußmatte dieses Mistkerls gefunden hatten. Sie wollte ihn noch lesen, aber ich habe es nicht erlaubt. Es reichte, dass ich so gelitten hatte, sie musste das nicht mittragen.

Diesen grauenerregenden Brief hatte ich hinten in meinem Versteck geschrieben, nachdem ich Qualen erlitten hatte, an die nur ich mich erinnern muss.

Niemand sonst. Inzwischen weiß ich, dass dieser erbärmliche Besessene nicht das »Vergnügen« hatte, den Brief zu lesen, denn er wurde zugeklebt in seinem Umschlag gefunden. Erst der Untersuchungsrichter hat ihn geöffnet.

Ich habe zugestimmt und gewünscht, dass meine Briefe während des Prozesses in der öffentlichen mündlichen Verhandlung von einem Untersuchungsbeamten vorgelesen werden, um es nicht selbst tun zu müssen. Meine Eltern nahmen an dieser Verhandlung nicht teil, ich wollte das nicht, und sie haben sich meinem Wunsch und dem Rat meiner Anwälte gefügt.

Ich habe mich im Interesse der Wahrheit dazu entschlossen, diese Briefe erstmals den Geschworenen und nur auszugsweise in diesem Buch zur Verfügung zu stellen, damit deutlich wird, wie weit der sadistische Wahn eines Machtbesessenen gehen kann, der eine Zwölfjährige psychologisch manipuliert. Die Geschworenen konnten sich ihr Bild machen. Man hat ihn als intelligent bezeichnet. Das kann ich insoweit nachvollziehen, als er berechnend, verlogen, manipulierend und scharfsinnig war. Abgesehen davon war er – man möge mir diesen vulgären Ausdruck verzeihen – ein »Schwein«, körperlich und intellektuell schmutzig und abstoßend.

Die Tatsache, dass ich überlebt habe und dass dieser Kranke einen Teil meiner Briefe aufgehoben hat, darunter auch den folgenden an meine Mutter, zeugt von seiner Dummheit. Diese Briefe haben den Untersuchungsbeamten und Geschworenen gedient, die sich nicht von dem Phantasiegebilde eines Netzes haben überzeugen lassen, als dessen »armes Zwischenopfer« er sich gern darstellen wollte. Es war ein Kinderspiel, einem 12jährigen Mädchen, das unter schrecklichen Bedingungen in einem Versteck eingesperrt war, die Existenz eines »Chefs« und einer »Gang« glaubhaft zu machen. Erwachsene davon zu überzeugen war trotz seines verblendeten Monstergehirns aber doch etwas zu »ehrgeizig«. Noch dazu, wo ich von dieser angeblichen »Gang« nur ihn und seinen Komplizen mit der Kappe zu sehen bekam, der offenbar ebenso erbärmlich war wie er selbst. Er weigerte sich jedoch, über die meisten Verbrechen die Wahrheit zu sagen, für die er zu einer lebenslänglichen Freiheitsstrafe verurteilt wurde. Dieses Ungeheuer dachte, er könnte mit dem Leid der Familien der anderen Opfer, der Kinder und Jugendlichen sein Spiel treiben; und auch in ihrem Namen wollte ich, dass die Briefe zu den Akten genommen werden. In diesem Versteck war ich seine Beute, nur dazu da, seine Triebe zu befriedigen, und ich bin fest überzeugt: Wenn er mich zerstört hätte und ich für ihn »unbrauchbar« geworden wäre, hätte mich dasselbe Schicksal ereilt wie die früheren Opfer. Ich wäre tot. Und er hätte weiter sein Unwesen getrieben wie manche andere einzelne Psychopathen, leider häufig mit Unterstützung ihrer Frauen, wenn er nicht entgegen seiner »Absicht« in die Falle getappt wäre.

Daher habe ich den ersten Teil dieses langen Briefes zusammengefasst, in dem ich meiner Mutter ganz genau die Leiden schilderte, die ich jetzt nach dem Prozess nochmals zu vergessen versuchen muss.

Dienstag, 23. Juli. Er hat mich »davor« mit einem Gleitmittel eingeschmiert: *»Wir machen das jetzt so, dann ist Ruhe.«*

»Danach« hat er gesagt: *»Hör auf zu heulen, das tut doch gar nicht so weh! Alle Mädchen machen das! Und beim ersten Mal tut es eben weh.«*

Schließlich fügte er hinzu, er würde mich *»einen Monat lang nicht belästigen«*. Er tat es aber doch und noch dazu auf eine für ein so junges Mädchen abscheuliche Art und Weise.

Die schmutzigen Details über meinen körperlichen Zustand nach diesen Heimsuchungen lasse ich ebenfalls weg. Gott sei Dank habe ich die Folgen überwunden.

Maman,

Vorne auf den Brief habe ich geschrieben: »Kleiner Brief an Maman, nur lesen, wenn ich es sage!«, weil ich dir speziell über einige GROSSE PROBLEME berichten wollte!

…

… Dann hat er mich wieder in mein Versteck gebracht. Und jetzt schreibe ich dir, Maman, und ich hoffe, dass du gründlich darüber nachdenken wirst, denn ich werde dich um etwas sehr Bedeutsames und Schweres bitten! Wenn du wüsstest, was er zu mir sagt und was ich ertragen muss! Er sagt, ich müsse mit ihm »Liebe machen« und später würde es mir nicht mehr weh tun …/…/, ich muss ihn küssen, du weißt schon, wie, jedes Mal, wenn er kommt, muss ich ihn auf den Mund küssen (igitt igitt …)

Ich weiß, dass ich schon öfter darum gebeten habe, aber ihr »müsst« mich hier herausholen! Anfangs ging es ja noch, aber nun hat er die Grenzen überschritten, ich bin verzweifelt. Einmal kam mir sozusagen ein »Gedanke«. Ich habe ihn gefragt, ob ich nach Hause könnte, wenn ihr das Geld (ach, immer das Geld) zusammenbekommen würdet. Rate, was er geantwortet hat … JA.

Natürlich gibt es da ein Problem: Da der »Chef« glaubt, ich sei tot, muss man ihm mehr Geld geben (eine Million mehr). Wenn ihr also drei Millionen zusammenkratzen könnt (bitte so schnell wie möglich) und ich euch schreibe und er euch immer anruft, dann sagt ihr ihm, wann ihr die drei Millionen habt, und er wird sich mit euch verabreden. Sobald er das Geld hat, wird er (so gut es geht) mit dem »Chef« sprechen, und dann könnte ich nach Hause kommen. Bitte denke nicht, dass ich euch damit etwas Böses tun will, ich bitte dich darum:

Um euch möglichst gesund und wohlbehalten wiederzusehen!
Um nicht länger leiden zu müssen und das WAHRE GLÜCK zu finden!!
Damit wir alle aus dieser schmutzigen Angelegenheit herauskommen und uns noch mehr lieben als zuvor.

*Ich flehe dich an, es ist wahnsinnig wichtig für mich und mein zukünftiges Leben! Weißt du, Maman, ich habe alles lange überlegt, und es tut mir leid, dich um so etwas bitten zu müssen, aber bitte denke darüber nach! Ich hoffe, dass ihr im Lotto gewinnt oder vielleicht auch in einem Fernsehquiz! Man könnte mit der Familie (oder anderen Leuten) etwas vereinbaren, damit sie auch etwas Geld geben! Ich habe immer wieder darüber nachgedacht, und als ich an das Bett gekettet war (bevor ich gerettet wurde),** da dachte ich immer, ich würde euch nach einem Tag oder so wiedersehen! Ich habe auch über die Vergangenheit nachgedacht, mich an vieles erinnert, auch an Dummheiten, an all die Male, wo ich euch schlecht behandelt oder nicht genügend GELIEBT habe! Und ich habe mir gesagt, ich bin noch am Leben, weil Gott mir eine zweite Chance*

*Bei dieser Gelegenheit bezeichnete er sich als »mein Retter«.

gibt, besser zu leben, zu reden, zu handeln, deshalb habe ich viele gute Vorsätze gefasst für mein NEUES LEBEN! Statt immer meine Freundinnen zu treffen, werde ich öfter Großmama besuchen, und statt nachmittags manchmal allein zu Hause zu bleiben, werde ich zu ihr gehen. Ich werde mich auch mehr für die Familie interessieren und für die SCHULE! Ich habe mein Zeugnis öfter angeschaut und mir gesagt, dass ich wirklich eine Niete bin, 1. weil ich nicht genügend gelernt habe, 2. weil ich euch nicht die Freude gemacht habe, mit einem guten Zeugnis heimzukommen, und 3. weil ich nicht genügend auf euch gehört habe (leider) und zuviel gespielt habe. Jetzt bin ich fest entschlossen, die Schule nach Möglichkeit genausogut zu schaffen wie Nanny, und wie es sicher auch Sophie tut. Ich möchte dich um noch etwas bitten, Maman: Würdest du, wenn du zu Hause bist, mich abfragen, so wie in der Grundschule? Ich glaube, so kann man sich alles besser merken, und ich werde mich nicht wieder so täuschen wie mit »Ambiorix«, ach, wie haben wir damals gelacht! Ich verspreche dir (ehrlich) einige Dinge: Ich will weniger egoistisch sein und beispielsweise Nanny auf das Sofa lassen und auch meine Sachen ausleihen, mehr helfen, freundlicher sein und noch vieles andere … Du wirst mich sicher sehr verändert finden, was normal ist, nach allem, was ich aushalten muss, mein gebrochenes Herz wird sich mit eurer Hilfe und eurer Liebe schnell wieder erholen …

Ich bitte dich, überlege es …, aber nicht zu lange, denn manchmal lasse ich mich gehen …

Ich liebe dich,

Sabine

* *Außerdem, Maman, wer wird mich pflegen, wenn ich krank bin, wenn ich Probleme mit den Augen, Zähnen, Warzen oder sonst etwas habe, du sollst mich pflegen und erziehen. Ich verspreche, dass ich dir gehorchen werde.*

**Vielleicht habe ich euch nicht genügend gezeigt, dass ich euch liebe, aber ich liebe euch tatsächlich alle sehr! Ich verspreche auch, oft mit Sam spazierenzugehen!*

5
Der siebenundsiebzigste Tag

Zwischen diesem und dem letzten Brief, der gefunden wurde, mit Datum vom 8. August, war meine körperliche Gesundheit auf einem Tiefpunkt angelangt. Ich litt an einer starken Blutung und schrecklichen Schmerzen. Mir tat die Seite weh, der Rücken, und auch wenn ich mich auf den Bauch legte, tat alles weh. In dieser Marterkammer, in die er mich schleppte, vermied ich es, mich zu ihm zu drehen, ich zog die Kette extra lang, nur um ihn zu ärgern. Wenn ich ein Messer gehabt hätte …

Er hatte mir großzügig alte Pampers gegeben, die mir aber kaum nützten. Ich musste sie jede halbe Stunde wechseln. In meinem Versteck, auf der verdammten Matratze, unter der kratzigen Decke und zwischen den beklemmenden Wänden, weinte ich für mich allein. Das Schlimmste war, dass ich mit niemandem reden konnte. Ich hoffte, dass meine Mutter den Brief rasch bekommen und endlich begreifen würde, dass ich am Ende war. Das Gefühl völliger Verlassenheit machte mich gleichzeitig aggressiv und mutlos. Ich empfand mich nicht als Ungeheuer, erkannte mich aber kaum noch. Das Foto in meinem Schülerausweis hatte mit der Person, die ich geworden war, nichts mehr zu tun. Ich ekelte mich vor mir selbst.

Die Gewalt, die meiner noch nicht geschlechtsreifen Jungfräulichkeit angetan wurde, und die Sturheit dieses Widerlings, der mich auch dann nicht in Ruhe ließ, wenn er es versprochen hatte, ließen in mir die Lust zu töten wachsen. Manchmal sagte ich: »Es reicht!«

Manchmal antwortete er, manchmal auch nicht. Wenn er antwortete, hieß es: »Aber nein, das ist doch nicht schlimm!«

»O doch, es war sehr schlimm …«

Es war wie das Gespräch mit einem Gehörlosen und verwies mich wieder auf meinen inneren Monolog. »Es ist ihm völlig egal, wie es mir geht. Ich kann noch so stark bluten, vor Schmerzen schreien, er hört nicht auf.«

»Hör auf zu heulen! Wenn der Chef dich hört!«

Einmal hatte ich den Einfall zu bitten: »Ich zähle bis hundert, und dann ist Schluss, einverstanden?«

Ich beeilte mich, eins, zwei, drei, vier … so schnell wie möglich … hundert!

Wie beim Versteckspiel …

Schließlich ließ er mich ein paar Tage in Ruhe. Ich musste für ihn unbrauchbar werden.

Ich fürchtete mich vor meinem eigenen Tod. Ich

versuchte, mir nicht vorzustellen, wann und wie es passieren würde, sagte mir immer: »Wenn der Typ mich eines Tages umbringt, schießt er mir hoffentlich eine Kugel in den Kopf, Hauptsache, es geht schnell.« In meinem Kopf reihten sich schreckliche Bilder aneinander, wenn er wieder einmal sagte: »Wenn der Chef merkt, dass du noch am Leben bist …« Darin schwangen alle schmutzigen Dinge mit, die er mir »mit irgendwelchen Werkzeugen, einem Lasso oder Gürtel«, erklärt hatte.

In dem Spiegel dieses schmutzigen Badezimmers erkannte ich mich nicht mehr wieder. Die Augen gerötet, die Haare verdreckt und verfilzt, Tränen, die durch den Schmutz Spuren auf meinen Wangen hinterlassen hatten. Neben weiteren Scherzen hatte er mir die Haare, die mir ins Gesicht fielen, geschnitten, und das Ergebnis war schrecklich. Ich hatte mein Gesicht rund wie den Mond gezeichnet, weil ich mit diesem zu kurzen Pony aussah wie ein Clown. Eine andere Zeichnung stellte das Wunschbild dar: »Haare von Papa oder Maman geschnitten.«

Eine andere zeigte das Desaster: »Haare von ihm geschnitten …«

Ich hatte eine kleine Strähne aufgesammelt, um sie – gut in ein Stückchen Papier gewickelt – mit meinem nächsten Brief mitzuschicken. Er hatte sich lange über meine Haare aufgeregt und wollte mir »einen Pony schneiden«.

Auf einem gesonderten Blatt hatte ich meine Mutter sogar gefragt, ob sie mit diesem und jenem einverstanden sei. Es war eine Art Formular, auf dem ich die Antworten, die ich auf meine Fragen hören wollte, vorbereitet hatte. Sie musste nur »ja« oder »nein« umkringeln. Unbewusst misstraute ich den angeblichen Antworten auf meine Briefe, die dieser Dreckskerl überbrachte.

Er gab mir das Formular zurück, das er offensichtlich selbst ausgefüllt hatte:

Hat sie das Album mit meinen Hundefotos gefunden?
Ja.
Das Poesiealbum?
Ja.
Die Geburtstagsgeschenke?
Ja.
Was ist mit den Schachteln? (Was hat sie hineingetan?)
Hierauf wusste er keine Antwort.
Teddybären oder sonstiges? (Was haben sie sich genommen?)
Keine Antwort.
Kann ich lachen …?
Ja.
Zeichnungen? (Was hält sie davon?)

Hier hatte er versucht, eine Antwort zu geben, es war aber offensichtlich nicht die Handschrift meiner Mutter, sondern eindeutig seine: »Sie sinnd nett.« (Mit zwei n … kein Kommentar zu seiner angeblichen Bildung.)

Sonstige Informationen?

Mit derselben Schrift hatte er geschrieben, was er tun wollte: »Ja, deine Haare sollen mit Pony geschnitten werden.«

Ich war sicher, dass er anstelle meiner Mutter geantwortet hatte, ich hatte seine Schrift schon einmal gesehen.

Ich misstraute ihm, seit er behauptet hatte: »Deine Mutter hat gesagt, du sollst dich besser waschen …« So etwas hätte meine Mutter nie gesagt. Sie wusste, dass ich mich sehr gut allein wusch, und was Körperpflege anging, hatten die Vorstellungen dieses Dreckskerls mit einfacher Hygiene nichts gemein. Genauso war es mit dem Planschbecken. Er hatte erzählt: »Sie haben ihren Spaß damit!« Es war aber ein kleines Planschbecken, das im Sommer nur für mich aufgestellt wurde. Warum hätten sie es aufstellen sollen, wenn ich gar nicht da war?

Auch die Sache mit den Haaren überzeugte mich nicht. Und zwar einfach deswegen, weil es meiner Mutter ziemlich gleichgültig war, ob ich sie mir schnitt oder nicht. Wenn sie selbst geantwortet hätte, hätte sie geschrieben: »Mach, wie du willst.« Oder sie wäre gar nicht darauf eingegangen.

Seltsam, während ich seinen Antworten bei dieser Art von Fragen misstraute, stellte ich das Szenario, das er für mich erfunden hatte, noch immer nicht in Frage. Denn er war gewitzt: Derartige Fragen ließ er sich von nun an angeblich immer am Telefon von meinen Eltern beantworten. Er behauptete, das sei sicherer … Ob er dieses Argument auch anführte, um seine Schrift zu rechtfertigen, weiß ich nicht mehr. Vielleicht habe ich das auch gar nicht gefragt. In dieser Zeit ging es mir zu schlecht.

»Deine Eltern suchen dich nicht mehr. Sie haben nicht bezahlt, also denken sie sicher, dass du tot bist!«

»Das ist unmöglich.«

Dieser Typ hatte es geschafft, mich so zu manipulieren, weil ich davon überzeugt war, meine Eltern hätten Angst, die gesamte Familie sei vom Tod bedroht. Ich war davon überzeugt, dass sie mich nicht suchten. Aber ich konnte nicht glauben, dass sie mich für tot hielten. Vor allem, weil er mich weiterhin an sie schreiben ließ und ich angeblich ihre Antworten bekam. Also mussten sie doch wissen, wo ich war! Dieser Dreckskerl lenkte mich hinterhältig in die Verzweiflung. Vor allem, weil meine Beziehung zu meiner Familie, insbesondere zu meiner

Mutter, für meinen Geschmack nicht übermäßig herzlich war.

Kinder fühlen sich sehr schnell schuldig, und wenn die Mutter im Spaß sagte: »Deine Geburt war ein Unfall!«, übersetzte ich das für mich so: »Gut, ich hätte also nicht geboren werden sollen, ich falle allen auf die Nerven.«

Genauso war es, wenn sie zeigte, dass sie eine meiner Schwestern bevorzugte, die, die immer alles gutmachte, während ich ein Gör war, das nur schlechte Mathenoten heimbrachte.

Wenn ich mich weigerte, die Wohnung zu fegen oder Geschirr zu spülen, war ich eine kleine Hexe!

Ich schrieb: »Ich werde dies mehr tun und das mehr tun, ich werde freundlicher sein, besser aufpassen …« Und in meinem Kindergehirn dachte ich, wenn ich das Ungeheuer sagen hörte, »sie halten dich für tot«: Ich bin also verloren. Sie sind mich losgeworden!

Das war eine weitere Qual.

Dann versuchte ich wieder, mich an etwas zu klammern: »Nein, es ist unmöglich, das kann ich nicht glauben.« Aber im nächsten Moment verließ mich die Hoffnung bereits wieder, um kurz darauf wieder aufzuflackern.

»Es kann doch sein! Die Tage vergehen, und ich bin noch immer hier … Nein, ich glaube es einfach nicht. Er hat doch gesagt, dass er mit ihnen telefoniert hat!«

Zu dieser Zeit wusste ich nicht mehr, was ich tun könnte, um so stark zu bleiben wie anfangs. Ich wurde wirklich schwach. Seit über zwei Monaten war ich nun hier und befand mich in einem Zustand so starker körperlicher Demütigung, dass es mir immer schwerer fiel, mich aufzulehnen, ihn zu nerven. Wenn er schlief, loderte die Wut manchmal wieder in mir auf …

»Wenn ich die Knarre suchen könnte, die er mir gezeigt hat, und wenn es mir gelänge, sie zu betätigen, ich würde ihn umbringen.« Aber dieser Gedanke fiel rasch in sich zusammen, denn ich war angekettet.

Beim Essen, wenn ich die Gabel in der Hand hielt, sagte ich mir oft: »Die würde ich dir gern in die Fresse stoßen, du Schwein!« Diese Gabel wurde eine richtige Obsession, aber ich hätte nicht einmal gewusst, wohin ich sie stoßen soll.

*

Eingesperrt, einsam, mit diesem Schwein, das mich den ganzen Tag lang die schlimmsten Schrecken ertragen ließ, verlor ich allmählich jeden Halt. Ich hatte keine Beschäftigung. Mich interessierte nichts mehr. Ich hatte die Schnauze voll vom Schreiben. Ich hätte nicht einmal mehr gewusst, was ich hätte schreiben können. Ich dachte, ich hätte die Spielkonsole vor lauter Wut kaputtgemacht, dabei funktionierte sie noch. Aber ich konnte auch dieses Spiel nicht mehr sehen! Ich hatte alle Bücher gelesen, und auch das Lesen ging mir auf die Nerven, ich las, ohne den Sinn des Gelesenen zu begreifen. Zuletzt war ich immer länger allein, er sperrte mich in diesem Rattenloch ein und verschwand für mehrere Tage. Mir blieb nichts, woran ich mich festhalten konnte, ich führte Selbstgespräche, starrte auf die Wände, die Decke, als hoffte ich, sie mit meinen Blicken durchbohren zu können.

Mein erster Gedanke, als ich nicht mehr konnte, war: »Befreien Sie mich, wir werden es dem Chef nicht sagen; wenn es sein muss, werde ich irgendwo anders wohnen … Informieren Sie meine Eltern, dass sie umziehen sollen, oder wir werden einen Einbruch begehen, um Sie bezahlen zu können.« Ich dachte mir verrückte Sachen aus. Ich wollte nicht mehr hier sein, ich hatte die Schnauze voll. Ich verabscheute diesen Typen, und nun hasste ich ihn, weil er mich allein ließ, eingesperrt, so dass ich nicht einmal mehr einen Tapetenwechsel hatte, weil ich zum Essen nicht hinaufgehen konnte. Selbst wenn ich wusste, was mich anschließend ein Stockwerk höher erwartete. Die Luft in dem Zimmer, in dem ich meine Mahlzeiten einnahm, war nicht besonders gut, aber es war doch wenigstens eine Abwechslung. Es gab auch keine tolle

Unterhaltung mit ihm. Häufig kam immer dasselbe heraus: »Das Essen ist ekelhaft.«

»Hör auf zu meckern und iss!«

»Ich will meine Eltern sehen!«

»Das geht nicht!«

»Ich will nicht nach oben! Ich mag das nicht!«

»Pech für dich!«

Zweieinhalb Monate lang hat mich das Fehlen einer Unterhaltung fast zum Wahnsinn getrieben. Schließlich war ich auf diese verrückte Idee gekommen.

»Ich will eine Freundin!«

»Das geht nicht!«

Ich war an die äußerste Grenze meiner Überlebensfähigkeit in dieser Hölle gekommen.

Ich konnte nicht mehr schreiben, das verhalf mir nicht zur Freiheit, also brauchte ich jemanden zur Gesellschaft.

»Ich kann mit niemandem reden, ich habe die Schnauze voll! Zu Hause hatte ich jede Menge Freundinnen! Ich möchte eine hier haben!«

»Das geht nicht! Du brauchst keine Freundin!«

Dabei schien er zu denken: »Sonst noch was? Soll ich vielleicht in ihrem Viertel eine von ihren Freundinnen suchen?«

Ich hatte jeden Halt verloren. Und seine Antwort wäre nur logisch gewesen, denn er würde sich sicher nicht in die Wohngegend meiner Eltern wagen, wo jeder nach mir suchte. Ein Verbrecher kehrt nicht an den Ort seines Verbrechens zurück!

In meiner Vorstellung wollte ich aber eine von »meinen« Freundinnen!

Mir war die Tragweite meines Wunsches nicht bewusst. Für mein Kindergehirn war das nicht verrückter, als ihn zu bitten: »Öffnen Sie mir die Tür, und lassen Sie mich gehen.«

Ich bestand darauf und weinte: »Ich bin nicht daran gewöhnt, so eingesperrt zu sein. Im Sommer bin ich immer draußen, ich bin in meiner Hütte, in meinem Planschbecken! Ich bin mit meinen Freundinnen zusammen!«

Da hatte er die Idee, mich »bräunen« zu lassen, indem er mir befahl, mich unter dieser Art Dachfenster nackt auf zwei Stühle zu legen. So sollte ich mir einbilden, in der Sonne zu liegen! Ich sagte ihm, es sei nicht nötig, dafür nackt zu sein, denn durch ein Fenster hindurch würde man nicht braun. Aber er bestand darauf, dieser Perverse! Ich musste es fünf- oder sechsmal machen.

Das war unangenehm und lächerlich.

Ich gab die Idee nicht auf, eine von meinen Freundinnen zur Gesellschaft zu bekommen. Wenn ich heute daran zurückdenke, sage ich mir, dass ich während dieser letzten Tage in Gefangenschaft wirklich nicht mehr ganz richtig im Kopf war. Oder ich hatte mich zurückentwickelt in eine Fünfjährige! Meine

Äußerungen lassen sich so zusammenfassen: »Ich langweile mich, ich habe die Schnauze voll, ich will nicht allein sein … Wenn Sie mich nicht gehen lassen wollen, will ich eine Freundin haben!«

Kindisch wie ein Gör, das seine Eltern um irgend etwas anbettelt, bis sie endlich nachgeben.

Ich wusste nicht, dass dieses Monster Kinder entführte. Ich hielt mich für einen Einzelfall, »gerettet«, »beschützt« vor einem schrecklichen Schicksal. Also konnte er mich doch von einer Freundin besuchen lassen! Von jemandem, der die Zeit mit mir verbringen, sogar bei mir schlafen konnte. Ich stellte mir nicht einen Augenblick lang vor, dass dieses Mädchen dasselbe Schicksal erleiden würde wie ich. Ich war die Geisel, und mein Vater hatte »dem Chef« einen Schaden zugefügt. Bei der Freundin bestand kein Grund für eine »Strafe«. Ich glaubte auch gar nicht wirklich daran. Er erzählte mir ja weiterhin, dass es unmöglich sei.

*

Freitag, den 8. August schrieb ich den letzten Brief in meinem Versteck. Sollten sie mich doch im Stich lassen, sollten sie mich für tot halten, es war mir egal. Ich musste einfach schreiben. Ich fand, dass sie keine allzu großen Anstrengungen für mich unternahmen und mich sogar in dem Unglück, in dem ich mich befand, völlig im Stich ließen. Zwar äußerte ich diese Meinung in dem Brief nicht. Eine gewisse Bitterkeit ist aber zu spüren.

Ihr Lieben, Maman, Papa, Großmama, Nanny, Sophie, Sébastien, Sam, Tifi und alle anderen!

Ich habe mich sehr gefreut, von euch zu hören. Ich weiß, dass er nicht lange telefonieren konnte, um sich keinen »Ärger« einzuhandeln. In diesem Brief habe ich vielleicht nicht viel zu erzählen, weil es noch nicht lange her ist, seit ich das letzte Mal geschrieben habe. Es hat mich auch sehr gefreut zu hören, dass der Patenonkel von Sophie gekommen ist, das hat ihr sicher gefallen. Ich weiß auch, dass Nanny ihre Prüfungen bestanden hat, ich freue mich sehr für sie und beglückwünsche sie, denn sie verdient es. Sophie wird sicher in die 6. Klasse versetzt, nachdem sie keine Prüfungen machen muss! Ich würde gern wissen, was Sophie von ihrem Patenonkel geschenkt bekommen hat und auch du, Maman, und Sam, es wäre schön, wenn du dem Mann sagen würdest, was du bekommen hast, Maman. Ich habe auch gehört, dass ihr das Planschbecken aufgestellt habt und das schöne Wetter genießt. Hoffentlich scheint die Sonne viel, und ihr habt schöne Ferien. Maman, du hast auch gesagt, dass es gut war, dass er meine Infektion behandelt hat. Du weißt aber nicht, dass er mir sehr weh getan hat, dass er »ohne *lange zu fackeln« mein Hymen zerrissen und mich hat bluten lassen! Es stimmt, dass es »nett« von ihm ist, dass er mich schreiben lässt, bei all den Gefahren, die er für mich schon auf sich genommen hat. Aber wisst ihr, das Leben hier ist alles andere als nett und glücklich! Das Haus ist ekelhaft schmutzig, vom Badezimmer will ich gar nicht sprechen (ohne Badteppich)! Ich wusste wohl, Maman, dass du geheilt bist, aber es hat mir große Angst gemacht, dass du sagst: »Wenn ich woanders etwas bekomme, mache ich nichts mehr.« Das macht mir angst, denn ich liebe dich sehr. Ich freue mich auch, dass es Sam und Tifi gutgeht, und hoffe, dass meine Rettiche gut schmecken und alle Blumen schön wachsen! Ich bin »einverstanden«, dass Sophie Myosotis und Marsu* genommen hat. Irgendwann hatte ich ihr gesagt, wenn mir einmal etwas passieren sollte, könnte sie sie nehmen. Ich weiß auch, dass Papa meinen Radiowecker genommen hat, der neue Batterien braucht. Man muss ihn öffnen, dann kann man die Zeit und die Weckzeit etc. mit dem Knopf einstellen.*

Sehr froh bin ich auch, dass ihr mir alle verziehen habt und viel Glück wünscht. Hoffentlich geht es Großmama gut und kommt ihre Arthrose nicht wieder. Hoffentlich war Sophie auch zufrieden, dass ich sie jeden Tag im Krankenhaus besucht habe, als sie sich operie-

*Meine beiden Plüschtiere

ren ließ, und habe ich sie nicht zu sehr gestört. Vielleicht wäre sie lieber mit ihren Freundinnen allein gewesen oder hätte sich ohne mich besser ausruhen können. Manchmal streiten wir und »gehen uns auf die Nerven«, aber im Grunde lieben wir uns sehr. Wenn ich Sophie und Nanny nicht lieben würde, wäre es mir egal gewesen, ob Nanny ihre Prüfungen besteht, und ich hätte meine Nachmittage nicht bei Sophie im Krankenhaus verbracht. Wenn ich Papa nicht lieben würde, warum sollte ich ihm dann seinen Pullover von oben oder bei José seinen »Tobak« holen! Wenn ich Großmama nicht lieben würde, warum würde ich ihr im Keller nach einer Packung Milch oder sonst etwas suchen helfen und warum würde ich ihr das Kaffeetablett holen oder die Wäsche aufhängen und den Korb hereinholen, wenn es regnet! Und wenn ich dich nicht lieben würde, Maman, warum würde ich für dich Öl und Essig oder eine Flasche Limonade oder sonst etwas aus dem Keller holen? Warum würde ich für dich beim Bäcker das Brot holen oder dir helfen, Taschentücher oder etwas anderes zu bügeln und Handtücher oder einen Korb nach oben tragen? Und warum würde ich deine Füße zwischen den Zehen (den kleinen Messern, wie wir immer gesagt haben) »massieren«, wenn du müde bist oder wir beide gleichzeitig früh schlafen gehen? Warum sollte ich das alles für euch tun, wenn ich euch nicht lieben würde? Vielleicht habt ihr irgendeinen Grund, mich nicht mehr sehen zu wollen, aber denkt ihr dabei auch an mich? Ich weiß, dass ich nicht immer nett zu euch war, dass ich egoistisch und böse war, aber könnt ihr mir sagen, warum ich hier sein muss? Schließlich habe ich diesem »Chef« nichts getan. Und ich sehe nicht ein, warum ich dafür bezahlen soll. Es tut mir leid, nach allem, was ihr für mich getan habt, so zu sprechen, aber ihr müsst mich unbedingt hier herausholen. Ich bin wirklich sehr traurig und unglücklich, und ihr fehlt mir schrecklich, ehrlich! Erstens »will« ich nach Hause kommen, weil ich euch wiedersehen möchte. Zweitens möchte ich nach Hause kommen, weil ich hier nichts verloren habe und weil mein Platz bei euch ist, in der Familie und bei den Freunden, und auch, weil ich es nicht länger in diesem Loch aushalte! Und drittens: Er quält mich zu sehr …

… Außerdem möchte ich hier nicht groß werden, denn mit zwölf, dreizehn Jahren ist die Zeit, wo alles anfängt, und ich möchte nicht hier meine Periode bekommen, denn die Binden, die er mir gibt, lösen sich nach wenigen Minuten auf. Im letzten Brief habe ich geschrieben, dass ich Brot bekomme. Es ist aber kein gutes Brot wie von De Roo oder Maes, es ist ein Brot aus einer Brotfabrik oder irgend etwas in der Art. Es gibt auch keine Butter, sondern Margarine! Ich habe euch auch erzählt, dass er auf irgendwelche »Dienstreisen« geht, und so war es wieder! Er war von Dienstag, den 16. Juli bis Dienstag, den 23. Juli fort. Und welch

unangenehme Überraschung für mich! Danach war er vom 1. August bis zum 5. August fort, dann ist er vom 5. August bis zum 8. August weg gewesen. Und am 8. August ist er weggefahren bis zum ?? (das weiß ich noch nicht, wir haben noch den 8. August). Ich hoffe nur, dass es euch allen gutgeht; dass ihr schöne Ferien verlebt. Entschuldigt mich, aber ich kann nicht anders, ich schaue den Wecker an und muss weinen vor Sehnsucht nach euch.

Ich habe euch wirklich alle sehr lieb.

Sabine

PS: Auf einigen Extrablättern habe ich für Sophie einige Kreuzworträtsel angefügt, Patronenkugeln (in dem kleinen Päckchen) und auch einige Gedichte, die ich ohne Hilfe selbst geschrieben habe! Außerdem einige Zeichnungen und die hauptsächlichen Grammatikfehler und falsch verwendeten Wörter, die ich aus einem Lexikon abgeschrieben habe, das er mir »gegeben« hat (er ist wirklich eine Null, er kennt fast keine Wörter!). Die Haare in dem Papier habe ich mir nicht selber geschnitten, sondern er hat sie mir geschnitten wie einem Clown. Noch viel schlimmer, als wenn Maman das macht. Schaut euch die kleine Zeichnung unten an, dann wisst ihr, wie mein Kopf aussieht!!
Ich schicke euch tausend Küsse, ich habe euch alle lieb.
(Die Zeichnung der Kästchen [Kreuzworträtsel] ist

nicht so gut wie die von Sophie, aber ich habe mein möglichstes getan).

»Er« wird euch sicher in ungefähr zwanzig Tagen anrufen!

NB: Er sagt, ich könnte »du« zu ihm sagen, aber das ist mir zu vertraulich!! Ich habe noch vergessen zu erzählen, dass ich eine Kaffeemaschine bekommen habe, als er weggefahren ist. Damit kann ich Wasser erhitzen und mir »Kaffee« machen (es ist Nescafé, und er schmeckt nicht so gut wie zu Hause, aber auch gut!)

Bevor er fuhr, hatte er mir anvertraut: »Ich bringe dir eine Freundin mit …«

Ich glaubte es nicht. Wenn er gesagt hätte: »Öffne die Tür und gehe nach Hause«, hätte ich es eher für wahr gehalten. In diesem Moment fühlte ich mich verloren, für mindestens zehn Jahre in dieses Loch eingesperrt. Meinen Eltern war offenbar völlig egal, was ich in meinen letzten Briefen berichtet hatte, ich konnte Höllenqualen leiden, nichts änderte sich.

Am 8. August abends kam er zurück. Diesen Tag habe ich wieder mit einem schmerzlichen roten Kreuz in meinem Kalender markiert. Am 9. sah ich ihn nicht, dort steht »weggefahren«. Am 10. August holte er mich aus meinem Versteck. Ich dachte, ich würde mit ihm essen, aber beim Hochgehen verkündete er: »Deine Freundin ist da, du wirst sie gleich sehen.«

Ich war verblüfft! Und zufrieden, denn ich war dabei, verrückt zu werden, und dass außer ihm noch jemand dasein würde, war wundervoll. Natürlich wollte ich sie sofort sehen!

»Nein, nein, du gehst erst ›sonnenbaden‹, und danach wirst du sie sehen.«

Dieses dumme Ritual machte mich fertig, in diesem Moment mehr als sonst.

Als er mich endlich nach oben mitnahm, schnappte ich mir schnell mein Höschen und zog es auf der Treppe rasch an, um nicht völlig nackt vor der »Freundin« zu stehen. Ich hatte nicht einmal mein Hemd mitnehmen können! Das war mir ziemlich unangenehm!

Ich wollte nicht, dass sie sich bei meinem Anblick fragen würde, in was für ein Narrenhaus sie da geraten sei. Ein Haus, wo die Mädchen völlig nackt herumliefen?

Schließlich sah ich das andere Mädchen: ans Bett gefesselt, offenbar nackt wie ich, unter einer Decke. Es war ein Déjà-vu-Erlebnis … Sie schien in keiner guten Verfassung zu sein, er versuchte sie aufzuwecken, damit sie mich sehen konnte.

»Hier stelle ich dir deine Freundin vor!«

Ich war etwas ratlos: »Wer ist das? Wie heißt sie?«

Vermutlich wusste er es nicht … Er antwortete jedenfalls nicht. Und ich war gleichzeitig seltsam zufrieden und verlegen. Mir war nicht sofort klar, woher sie kam, ich hatte noch immer nicht realisiert, dass ich gekidnappt und nicht »gerettet« worden war … Er würde dieses Mädchen also nicht aus seiner Familie herausgerissen haben! Ich stellte mir vor, dass er Bekannte aufgesucht und ihnen erzählt hatte, er suche eine Freundin für ein Mädchen, das sich allein langweilt …

Dann wurde mir die Realität dieses Bildes vor meinen Augen klar. Das Bett, die Kette um den Hals … Langsam nahmen die verschwommenen Erinnerungen Gestalt an. Hier war tatsächlich jemand, eine »Freundin«, aber gleichzeitig …, es fuhr mir brutal durch den Kopf: *»Was habe ich da verlangt! Was habe ich bloß getan?«*

Ich starrte sie an, und dabei sah ich mich selbst: Diese Decke, diese Kette, der nackte Körper … das war ich. Und ich wäre am liebsten im Erdboden versunken. Statt dessen sagte ich: »Hallo … geht's dir gut?«

Ich wusste nicht, was ich sonst noch sagen sollte. Sie wirkte wie unter Drogen. Und ich fühlte mich unwohl vor diesem Ungeheuer, das danebenstand und zuhörte.

Sie fragte mich: »Wie heißt du?«

»Sabine.«

»Seit wann bist du da?«

Ich schlug die Augen nieder. Ich fürchtete mich, vor ihm die Dauer zu nennen; es konnte mein Todesurteil sein, daran dachte ich oft. Wenn er eines Tages der Meinung sein würde, ich sei schon zu lange hier und würde ihm lästig, konnte er sich meiner im Handumdrehen entledigen.

Daher sagte ich ganz leise: »Seit siebenundsiebzig Tagen …«

Sie war schon wieder eingeschlafen. Sie war bereits seit dem Vorabend da, aber das wusste ich noch nicht.

6
Achtzig Tage

Soll ich sie wecken?«

»Nein.«

Er brachte mich wieder in mein Versteck und sagte, er würde sie schlafen lassen.

Ich hatte Angst. Ich hatte nicht erwartet, das erste Mal eine neue Freundin zu treffen, die wie ich an das Bett dieses Schweins gefesselt war, und mich dann wie üblich allein in meinen Verschlag eingesperrt wiederzufinden. Woher kam sie? Ich hatte nicht gewollt, dass er sie weckte, aus Angst, es zu erfahren. Wenn er sie wie mich entführt hatte und ihre Eltern das Lösegeld bezahlten, würde sie heimkehren, erzählen, dass sie mich gesehen hatte, und er würde mich umbringen.

Am 11. August holte er mich wieder nach oben zum Essen. Wir waren zu dritt bei Tisch. Ich hoffte, mit ihr reden zu können, aber es ging ihr kaum besser als am Vortag, und er war immer da und beobachtete uns mit seinem sadistischen Gehirn.

Sie weigerte sich, von dem fertig angerichteten Teller zu essen, den er wie üblich in der Mikrowelle heiß gemacht hatte. Sie nahm nur ein Butterbrot und starrte ins Nichts. Mir war klar, dass sie noch unter Drogen stand. Die Situation wurde für mich immer seltsamer. Als ich sie am Vorabend auf dem Bett liegen sah, sagte ich mir: »Scheiße, das ist genauso wie bei mir! Ich habe um eine Freundin gebeten, und er hat sie bereits ausgezogen und angekettet? Was hat er schon mit ihr gemacht?« Gleichzeitig war ich froh, denn ich konnte diesen Typen nicht mehr ertragen! Endlich hatte ich jemanden, mit dem ich reden konnte. Das Problem meiner Verantwortung schob ich noch von mir, gefangen in der psychologischen Manipulation meines Wärters. Sie war da, ich war nicht mehr allein in dieser Hölle. Aber ich musste warten, bis sie sich erholt hatte und der Schwachkopf sie in das Versteck hinunterbrachte, so dass ich in Ruhe mit ihr reden konnte. Für mich war es ein bedeutsames Ereignis, ein Hoffnungsschimmer inmitten meiner Verzweiflung. Die düstere Zukunft, die mich erwartete, erhellte sich in Gesellschaft der »anderen« ein wenig. Wir würden zu zweit sein, er hatte versprochen, das Versteck zu vergrößern, indem er das Durcheinander auf der anderen Seite wegräumen würde. Er hatte sogar ein Waschbecken versprochen!

Inzwischen ließ er mich das Haus putzen. Ausgestattet mit einem Eimer, einem schmutzigen Lappen und Putzmittel musste ich das Bad schrubben, das

Mittelzimmer, in dem wir die Mahlzeiten einnahmen, und das vordere Zimmer. Ich hatte schon einmal so geputzt, ich weiß nicht mehr, wann das war. Es hatte eine Überschwemmung gegeben, und alles war voller Schlamm. Er hatte mich als »Prinzessin« beschimpft, weil ich mich über den schmutzigen Putzlappen beklagt hatte. Dieser Typ war genauso schmutzig wie sein Putzlappen. Seit ich hier war, hatte er mir nicht einmal die Möglichkeit gegeben, das Versteck zu putzen, in dem bereits so viel Schimmel und Staub in der Luft hing, dass meine Nase ständig verstopft war. Statt dessen hatte ich von ihm Nasentropfen bekommen.

Ich stieg wieder in mein Rattenloch hinunter. Er behielt meine »Freundin« bei sich. Er hatte sie nackt durchs Haus gehen lassen wollen, aber sie hatte ihre Kleider verlangt, und schließlich hatte er nachgegeben.

Montag, den 12. August schrieb ich in meinen Kalender: »Freundin«. Er hatte sie zu mir in den Keller gebracht.

Die schwere Tür fiel hinter uns zu, und sie erkundete den Ort mit noch immer vernebeltem Blick. Von mir wurde erwartet, sie über die Organisation unserer »Existenz« zu informieren. Zuerst bot ich ihr etwas zu essen an. Sie lehnte wieder ab.

»Ich habe Angst, dass er mich unter Drogen setzt.«

»Iss trotzdem etwas, du hast sicher noch nichts gegessen.«

»Doch, die Brote, aber keine richtige Mahlzeit.«

Sie aß mit mir einige Nic-Nac-Kekse, und ich versuchte, sie vor den schmutzigen Machenschaften zu warnen, die sie wahrscheinlich erwarteten, wenn er sie holte.

»Schon passiert.«

Sie hatte dasselbe Bad genossen wie ich. Es war schwierig, darüber zu sprechen. Ich wagte es nicht, zu viele Fragen zu stellen. Ich glaube aber, dass ich sie gefragt habe, wie sie es »ausgehalten« hat.

»Ich hatte zu viel Angst, dass er mich schlagen würde …«

»Bist du verrückt? Er hat mich nie geschlagen! Ich habe geschrien wie eine Wahnsinnige, das sei nicht normal, ich wollte das nicht, es tue mir weh!«

»Als ich dich gesehen habe, dachte ich, du wärst geschlagen worden.«

Meine Augen waren immer geschwollen und rot, weil ich den ganzen Tag weinte. Die Flecken auf meinem Körper verschwanden nicht. Ich sah also tatsächlich aus, als sei ich geschlagen worden.

»Du bist also schon lange da? Und das geht?«

»Wenn man das so sagen will …«

Ich nahm meinen Kalender, um ihr zu zeigen, wie ich mich zurechtfand. Das war für mich äußerst wichtig, es verband mich mit dem unsichtbaren Leben, das draußen weiterging. Die Tage, an denen meine Mutter freihatte, die Besuchstage bei meiner Oma.

Leider war es auch eine Orientierung über die Tage, an denen er fort war, mit einem R für Rückkehr.

»Ich bin seit dem 28. Mai hier.«

Sie betrachtete mich aufmerksamer. Sie war noch immer schläfrig, anscheinend hatte er sie stärker betäubt als mich am Tag meiner Entführung.

»Warte, wie war noch dein Name?«

»Ich heiße Sabine. Das habe ich dir oben schon gesagt …«

»Sabine und weiter?«

»Sabine Dardenne.«

»Ich habe dich schon mal gesehen.«

»Ich habe dich jedenfalls noch nie gesehen. Woher kommst du?«

»Ich wohne in Bertrix, im entlegensten Winkel Belgiens.«

»Und ich am anderen Ende, in Tournai. Wir kennen uns nicht …«

»Doch, doch, ich habe dich schon gesehen! Überall in Belgien hängen Plakate. Deine Eltern suchen dich wie verrückt!«

»Was du nicht sagst, sie suchen mich wie verrückt! Heute sind es achtundsiebzig Tage, dass ich hier bin …«

»Doch! Aber ja doch, sie suchen dich! Ich täusche mich nicht, das bist du! Wenn ich dich so mit dem Foto vergleiche, deine Eltern suchen dich!«

Ich glaubte ihr nicht. Meine Eltern konnten mich

nicht suchen, denn sie waren ja auf dem laufenden! Und sie zahlten das Lösegeld nicht!

Dann fragte sie mich, wie ich hierhergekommen war.

»Ich war auf dem Schulweg und wurde vom Fahrrad gezerrt. Und du?«

»Ich war in Bertrix, ich war mit meiner Schwester, ihrem Freund und ein paar meiner Freundinnen im Schwimmbad. Ich konnte nicht schwimmen, weil ich meine Periode hatte, meine Schwester und ihr Freund sind woanders hingegangen. Ich bin eine Weile geblieben, aber dann hatte ich genug davon, den anderen zuzuschauen, wie sie sich im Wasser amüsierten, deshalb bin ich gegangen. Das Schwimmbad ist nicht weit von mir, ich ging zu Fuß. Da hielt ein Kleinlaster, und ein Bursche fragte mich, ob in Bertrix was los ist. Ich habe geantwortet: ›Das 24-Stunden-Mopedrennen.‹ Der Typ tat so, als hätte er nicht verstanden, und bevor ich bis drei zählen konnte, war ich im Wagen drin.«

»Durch die Seitentür? War er das?«

Er oder der andere, der Mickrige mit der Kappe. Tatsächlich hatte der Mickrige sie um die Auskunft gebeten und so getan, als hätte er sie nicht verstanden. Und während sie weiterging, war der andere von hinten gekommen und hatte sie gepackt. Dann hatten sie es genauso gemacht wie bei mir. Außer dass man sie in eine Decke gewickelt hatte, um sie ins Haus zu schaffen. Sie war wohl zu groß und hatte nicht in die Kiste gepasst. Später erfuhr man, dass Nachbarn gesehen hatten, wie er dieses Paket trug und er ganz ruhig behauptet hatte, es sei sein kranker Sohn gewesen …

Anschließend glich Laetitias Erzählung von der Betäubung meiner eigenen Geschichte.

»Er hat mir Medikamente gegeben, ich habe sie ausgespuckt. Er hat sie mir noch mal mit Cola gegeben. Ich habe es wieder ausgespuckt. Da hat er gesagt: ›Du kleines Luder.‹«

Er hatte nicht gleich gemerkt, dass Laetitia sie direkt in die Colaflasche gespuckt hatte. Er gab ihr die Medikamente noch einmal, indem er sie ihr direkt in den Hals steckte, und dieser Dummkopf trank den Rest der Flasche aus. Als er merkte, dass die Flüssigkeit schäumte, war es schon zu spät, er hatte schon davon getrunken.

»Beim dritten Mal hat er mir viel gegeben. Ich merke die Wirkung immer noch …«

Sie sprach ziemlich langsam. Manchmal fragte ich sie: »Möchtest du ein Brot?« Sie antwortete schläfrig: »Nein.« Ich war hellwach, entnervt, und sie war benebelt.

»Aber was machst du den ganzen Tag?«

»Er« hatte mich in gewisser Weise beauftragt, ihr zu erklären, wie das Versteck funktionierte. Man musste sich verkriechen, wenn man ein Geräusch hörte, und durfte nur antworten, wenn er sagte: »Ich bin's.« Ich zeigte ihr die beiden Lampen, die stärkere und die schwächere, die man herausschrauben musste, um das Licht zu löschen, das Regal, den Toiletteneimer, die Konservendosen, deren Soße man ebenfalls trinken musste, den Wasserkanister. Das Brot, das so schnell schimmelte, die kleine Kaffeemaschine und den Pulverkaffee, den es ab und zu gab, aber ohne Zucker! Er war dagegen, außer für sich selbst natürlich! Manchmal gab er mir drei Zuckerstückchen, und damit musste ich auskommen.

Laetitia hörte mir träge zu. Ich hätte so gern gehabt, dass sie richtig wach wurde, wo ich doch so lange darauf gewartet hatte, mit einer Freundin zu reden! Offenbar hatte sie Mühe, wach zu bleiben.

»Aber du hast einen Fernseher?«

»Nein, nein, der funktioniert nur mit der Spielkonsole. Wenn ich Fernsehen hätte, hätte ich ja Nachrichten sehen können. Immerhin weiß ich aber, dass wir in Belgien sind.«

Dieser erste gemeinsame Tag war enttäuschend für mich. Sie schlief die Hälfte der Zeit, er hatte ihr offenbar einen kräftigen »Schuss gesetzt«. Am nächsten Tag war es kaum besser, ich hatte das Gefühl, immer allein zu reden!

Ich zeigte ihr meinen Ranzen und meine Schulsachen. Ich erzählte ihr, dass ich an meine Eltern schrieb.

»Glaubst du, ich könnte später auch schreiben?«

»Ich musste mich schon sehr langweilen, um schreiben zu können. Weißt du, ich langweilte mich hier so sehr, dass ich jemanden brauchte, ich wollte eine Freundin …«

Sie reagierte nicht spontan darauf. Sie war so benebelt, dass sie nicht daran dachte, mir zu sagen: »Du bist doch wirklich ein Dummkopf, ich bin also wegen dir hier?«

Sie erzählte mir, er habe gesagt: »Ein böser Chef will dir etwas antun, ich habe dich gerettet …«

»Zu mir hat er dasselbe gesagt!«

Ich stellte mir keine Fragen über diese Ähnlichkeit. Dabei hätte mir das endlich zeigen können, dass dieser Dreckskerl nur Geschichten erzählte. Laetitia dämmerte die restliche Zeit vor sich hin. Ich langweilte mich. Ich wollte raus. Wir waren so beengt. Ich hatte die Sachen so gut es ging am Ende der Matratze zusammengelegt und fragte mich, wie wir es schaffen sollten, zu zweit in diesem Rattenloch Luft zu bekommen. Ich erstickte schon allein fast darin. Dieses Eingeschlossensein war eine Folter. Schon als kleines Kind war ich freiheitsliebend. Wollte draußen Ball spielen. Rennen. Hier war ich auf dem besten Weg, »verrückt« zu werden. Vielleicht war ich es auch schon. Der Schmutz, meine unappetitliche Hose, das vor Schmutz schwarze Hemd. Und dann dieses elektrische Licht, dass ich nachts nie ausmachte, weil ich die Dunkelheit so fürchtete.

Kurz dachte ich, wir könnten zu zweit fliehen. Als ich allein versucht hatte, die Tür zu bewegen, war ich nicht stark genug gewesen, es war mir aber immerhin gelungen, sie so weit zu öffnen, dass ich fast meinen Kopf durchstecken konnte. Zu zweit würde es uns vielleicht gelingen? Dann gab ich den Gedanken auf, ich erzählte Laetitia nicht einmal davon. Ich war schrecklich angeschnauzt worden, und wenn wir zu zweit wieder damit anfingen und es danebenging, würde er vielleicht richtig böse auf uns werden und uns schlagen. Laetitia war zwar größer als ich, nachdem sie aber noch unter dem Einfluss der Medikamente stand, hielt ich sie für psychisch weniger belastbar als mich, wenn wir geschlagen würden. Und selbst falls sich die Tür weiter öffnen ließ und wir in den Keller schlüpfen könnten, bliebe noch die Treppe, die abgesperrte Tür, und wir müssten im Erdgeschoss die beiden Zimmer durchqueren, bevor wir zur Haustür gelangten, die ebenfalls verschlossen war. Und das alles, ohne zu wissen, ob er da war oder nicht, ob er uns mit der berühmten »Gang vom Chef« wieder schnappen würde.

Ich versuchte, mich in dem Versteck noch besser einzurichten, aber es war praktisch unmöglich. Laetitia hatte sich auf der Matratze ausgestreckt, sie fühlte sich nicht wohl, und ich wusste nicht, wo ich noch Platz finden sollte. Es war schon kaum genügend Raum für eine Person, und zu zweit war es schlimmer als in einer Sardinenbüchse. Zwischendurch sagte sie etwas zu mir, und ich wartete immer darauf und dachte ein wenig – aber nicht zu intensiv – über die Dummheit nach, die ich begangen hatte, als ich um eine Freundin gebettelt hatte. Ich wusste doch nicht, dass er mit ihr dasselbe tun würde.

Als er in den Keller herunterkam, befahl er mir: »Du bleibst hier!«

Mir war klar, was er mit ihr tun würde, aber in einer Ecke meines Gehirns sagte ich mir, dass ich inzwischen meine Ruhe hätte. Später fand ich mich ein bisschen sadistisch, weil ich erleichtert gewesen war, aber ich war innerhalb der letzten beiden Wochen so verrückt geworden und hatte so viel erlitten … Er machte sich über dieses Leiden nur lustig, ob man blutete oder nicht, schrie oder nicht, dieses Ungeheuer tobte sich nach Belieben aus.

Ich rechnete damit, dass er an einem der nächsten Tage wieder mit mir anfangen würde, deshalb konnte eine kleine Verschnaufpause nur guttun. Als er befohlen hatte: »Du bleibst hier!« hätte ich vor Erleichterung fast »uff!« gesagt. Es war traurig, aber so war es eben.

Dann dachte ich wieder daran, was Laetitia gesagt hatte: »Ich habe die Klappe gehalten …«

Wenn sie alles mit sich geschehen ließ, bildete er sich vielleicht noch ein, sie wäre damit einverstanden! Dieses »Schwein« sah doch nicht über seinen Tellerrand hinaus! Als könnte man damit einverstanden sein! Ich hasste ihn, dieses absolute Nichts. Ich hoffte, Laetitia würde ihm ihre Abscheu zeigen.

Als sie zurückkam, sagte sie nichts. Ich sah ihr an, dass es nicht der richtige Moment war, »darüber« zu reden. Ich dachte: »Man hält es aus, so gut man kann, man schreit, man diskutiert, es ändert sich ja doch nichts!« Am Ende wäre er tatsächlich in der Lage, sie und auch mich zu schlagen. Ich befürchtete es inzwischen auch, wenn er sein finsteres Gesicht machte und auf den Tisch schlug oder mir mit der Hand drohte und schimpfte: »Wirst du jetzt wohl still sein!«

Am vierten oder fünften Tag wurde Laetitia allmählich richtig wach, wie mir schien. Es war der 14. August.

Sie hatte Hunger. Abgesehen von den Broten und einigen Nic-Nac-Keksen hatte sie seit ihrer Ankunft nichts gegessen aus Angst, noch mehr mit Medikamenten vollgefüllt zu werden. Sie begann gerade erst, sich ein wenig zu erholen.

»Können wir etwas von den Konserven essen?«

»Na, guten Appetit. Ich kann jedenfalls darauf verzichten.«

»Ich werde die Fleischklößchen in Tomatensoße probieren.«

Sie aß nur die Hälfte von einem Fleischklößchen, so widerlich schmeckte es kalt.

»Gibt es keine Möglichkeit, das auf der Platte der Kaffeemaschine zu wärmen?«

»Nein, wir haben hier nichts, worin wir kochen können. Du musst alles kalt essen. Mit der Soße und allem Ekelhaften, was drin ist. Das Brot ist nach zwei Tagen grün vor Schimmel und ungenießbar. Du kannst dich an die Nic-Nac halten, das Wasser oder die Milch … solange sie nicht sauer wird. Und wenn er wieder abgehauen ist, kann das eine Weile so gehen.«

Wir hörten von oben keine Schritte, nichts, alles war still. Laetitia hatte mir erzählt, dass er sie am 9. August entführt hatte. Am Vortag hatte er sich noch über mich hergemacht. Dieses Ungeheuer hielt es nie lange aus ohne … Er hatte Laetitia Antibabypillen gegeben, deren Verfallsdatum schon überschritten war; offenbar hatte er einen Vorrat davon.

Am 12. August hatte er sie zu mir in das Versteck gebracht und mir bei der Gelegenheit den Radiowecker weggenommen. Jetzt konnte ich nicht einmal mehr Musik hören! Manchmal, wenn ich allein gewesen war, hatte ich sogar getanzt. War zusammengebrochen und hatte geweint … Dann hatte ich die Musik ausgemacht, wieder angemacht, und alles hatte von vorne begonnen. Nun fürchtete ich vor allem, dass die Batterie meiner Uhr leer werden könnte und ich dann keinerlei Zeitbezug mehr hätte.

Am 12. August hatte er Laetitia also wieder geholt,

und seit sie wieder in unserem Versteck war, geschah nichts.

Um so besser für uns, abgesehen davon, dass wir mit dem auskommen mussten, was noch an Konserven und Brot da war, wenn er wieder zu einer »Dienstreise« aufgebrochen war, ohne dass ich zusätzliche Vorräte hatte verlangen können. Wie lange wohl diesmal? Wir waren zu zweit, hatten nur einen Wasserkanister, nur einen Toiletteneimer. Nichts, womit wir uns waschen konnten. Aber das war ihm völlig egal. Dieser Typ war ungeheuer widerlich.

Allmählich begann ich es seltsam zu finden, dass er uns nicht mehr holte. Der Mann hatte doch »Bedürfnisse«, es verging kaum ein Tag, an dem er mich nicht belästigt hatte. Ich hatte geglaubt, er würde mit der Neuen dasselbe machen. Ich sagte es Laetitia. Es war wirklich seltsam.

Seltsam war es für ihn in diesem Moment sicher auch! Am 13. August hatte er sich seinerseits erwischen lassen, und wir wussten davon natürlich nichts. Der Gipfel war, dass an diesem Tag ein Gendarm eine Hausdurchsuchung durchgeführt hatte, ohne etwas zu sehen. Wir hatten davon nichts mitbekommen. Laetitia schlief, ich war vielleicht auch eingeschlafen. Hätten wir das geringste Geräusch gehört, hätte sich ohnehin keine von uns beiden gerührt, bis wir nicht die messserscharfe Stimme dieses Kretins gehört hätten: »Ich bin's.«

Der arme Gendarm musste sich später allerhand anhören. Er war dadurch mit den Nerven so fertig, dass er beim Prozess sogar weinte. Er hatte die Hausdurchsuchung durchgeführt, hatte Haus und Keller inspiziert, und ich wette, auch kein anderer hätte ohne passende Ausrüstung die List mit diesem angeschraubten Regal durchschaut, das mit einer Last von zweihundert Kilo bestückt war. Hätte dieser Typ gleich etwas gesagt, wäre Laetitia vielleicht einiges Leid erspart geblieben, auch wenn er sich seit dem ersten Tag an ihr vergangen hatte. Für mich waren achtundvierzig Stunden mehr oder weniger … Ich werfe dem armen Gendarm nichts vor. Man sollte keinen falschen Schuldigen suchen.

Wenn ich mich auf meine Uhr verlassen kann, war es am Nachmittag des 15. August, dass ich im voraus vor das Datum ein Kreuzchen machte, wie ich es häufig tat, wenn er uns nicht »belästigt« hatte. Ich sagte mir, es sei ein Ruhepause für uns, die wir inmitten dieses täglichen und schmutzigen Kampfes gewonnen hatten. Ich hatte noch nicht die Hoffnung, es sei schon der Frieden.

Ein weiterer Tag. Nun war ich seit achtzig Tagen und ebenso vielen Nächten hier. Ausgenommen eine …

Draußen ging die Sonne unter, drinnen mussten wir unsere ewigen Nic-Nac-Kekse essen, vielleicht zeigte ich ihr auch meine Zeichnungen und Schulhefte, ich weiß es nicht mehr.

Wir waren dabei, uns zum Schlafen eng aneinanderzudrücken auf dieser modrigen 90-cm-Matratze, als ich plötzlich ein Geräusch hörte.

»Hörst du das?«

»Ja, was ist das?«

»Vielleicht ist er mit dem Chef und seinen Kumpanen da.«

Sie wusste ebenso wie ich, dass »der Chef« uns angeblich für tot hielt und dieser Dreckskerl uns schützte. Auch sie hielt ihn für ihren Retter! Ich weiß nicht, wie lange sie daran geglaubt hätte, aber in dem Augenblick war es so.

»Mach dich bereit, unter der Decke zu verschwinden. Wenn er sagt, dass er es ist, können wir wieder auftauchen.«

Dann hörte man Schritte, welche die Treppe zum Versteck herunterkamen.

Dieses Mal näherte sich die »Gefahr«.

»Irgend etwas ist anders, ich habe noch nie soviel Lärm gehört, das ist nicht normal, komm, wir verstecken uns …«

Man hörte Männerstimmen, die durcheinanderriefen, konnte aber nicht genau verstehen, was sie sagten.

Völlig verschreckt und zitternd lagen wir unter der Decke. Laetitia stand noch immer unter dem Einfluss der Medikamente und war daher noch mehr gestresst. Sie begriff nicht viel, nur soviel, dass wir in Lebensgefahr waren. Wir flüsterten leise unter der Decke.

Ich war hingegen hellwach. Ich wollte ihr keine Angst einjagen und versuchte, sie so gut es ging zu beruhigen, obgleich ich selber Angst hatte. Es war nicht einfach, aber ich war hier schließlich die »Ältere«, also musste ich die Gefahr abschätzen und nachdenken.

»Wer, glaubst du, ist das?«

»Hör zu, ich bin seit zweieinhalb Monaten hier, ich habe nicht mehr viel zu verlieren, habe keine Zukunft … Entweder sie holen uns beide, um etwas mit uns zu machen, was ich mir nicht vorstellen kann, oder sie holen nur eine, und dann holen sie mich. Sie werden mich umbringen. Warten wir es ab.«

Es war nicht ein Millimeter Platz zwischen unseren Körpern, die wir so fest aneinanderdrückten, dass wir zitterten, die Gesichter einander zugekehrt, um flüstern zu können.

Zuerst hörten wir das Geräusch der Ziegelsteine, die im Keller herumlagen, dann wurden die Flaschen und Kanister auf den Regalen draußen bewegt. Jetzt hatte ich Angst, diese echte Angst, die man nicht unterdrücken kann. Todesangst. Ich flüsterte Laetitia zu: »Es sind viele, ich habe Schiss. So etwas habe ich noch nie gehört. Sie räumen die Flaschen weg, bald werden sie hier aufmachen.«

Doch dann hörte man seine Stimme, wie immer: »Ich bin's! Ich komme jetzt rein!«

Die Türe öffnete sich schwer, gerade so weit, dass wir hindurchpassten, und da ergriff mich Panik. Zwar stand er dort, auf der untersten Stufe, wo er immer gewartet hatte, wenn wir herauskommen sollten, aber hinter ihm und um ihn herum waren eine Menge Leute. Ich hatte Panik, war verrückt vor Angst.

»Ich will nicht herauskommen, ich will nicht, alle diese Leute … Sie sind gekommen, um uns umzubringen, ich will nicht herauskommen …«

Und zu Laetitia: »Schau, er hat gesagt, dass er es ist, aber wir wissen nicht, wer diese Leute sind.«

Nach einem kurzen Moment deutete Laetitia aber auf jemanden: »Doch! Den da kenne ich, ich kenne ihn! Er arbeitet in Bertrix! Ich kenne ihn, er ist Polizist! Hab keine Angst! Du kannst rausgehen!«

In diesem Augenblick waren wir beide davon überzeugt, »unser Retter« habe die Gendarmerie geholt oder sich mutig selbst gestellt, kurzum, er habe einen Weg gefunden, uns zu befreien … Ich zögerte noch, war verblüfft. Wirklich? Kommen wir wirklich hier heraus?

Ich fragte ihn sogar noch, ob ich die Buntstifte mitnehmen könne, die er mir in seiner »Güte« gegeben hatte. Laetitia wollte auch irgend etwas mitnehmen. Er antwortete: »Ja, du kannst sie nehmen. Ja.«

Wie eine Idiotin sagte ich daraufhin: »Danke, Monsieur«, glitt durch den schmalen Spalt, und wie ein Schwachkopf gab ich ihm einen Kuss! Laetitia machte es ebenso.

Und seither bin ich wütend, dass ich bis zuletzt

glauben konnte, dieses Nichts, dieser unsägliche Typ, dieser Abschaum, hätte den Mut haben können, sich zu ergeben. Ich glaube, er weiß nicht einmal, was Mut bedeutet. Damals jedoch – und in einem derartigen Moment geht alles sehr schnell – dachte ich etwas in der Art wie: »Er hatte genug von dieser Situation, er wusste nicht mehr, wie er da herauskommen soll, er hat die Polizei gerufen … Danke …« Hätte ich ihm doch ins Gesicht gespuckt an diesem Tag! Ich darf gar nicht daran denken, dass ich diese Gelegenheit verpasst habe!

Wir warfen uns in die Arme des erstbesten Untersuchungsbeamten. Es ergab sich, dass ich mich an den Gendarmen Michel Demoulin hängte. Nach dem Prozess, Jahre später, sagte er zu mir: »Du wolltest mich gar nicht mehr loslassen, du hast dich so fest an mich geklammert …«

Ich erinnere mich noch sehr gut daran. Aber als er das aussprach, sah ich jedes einzelne Bild wieder vor mir.

Wir beide, vor Angst zitternd unter der Decke, die Tür, die sich öffnet, alle diese unbekannten Leute …, sie erschienen mir wie eine Meute! Und dann, wie in einem Zeitraffer, schlüpfe ich unter der Tür durch, stürze mich in die Arme des ersten Polizisten und lasse ihn nicht mehr los.

Laetitia sank in die Arme von André Colin, den sie Gott sei Dank erkannt hatte, weil er aus ihrer Gegend stammte. Er gab ihr sein Taschentuch, und sie weinte hinein. Für mich begann in diesem Moment eine Art wahnsinniger Erregung. Das einzige, was ich genau wusste, war, dass ich da herauskam! Alles andere war mir egal, ich vermute, das Gefühl dieser Befreiung war ebenso heftig wie eine Minute zuvor die Angst. Es war ein fast brutaler Wechsel: aus dem schrecklichen Rattenloch, in dem ich achtzig Tage vegetiert hatte, ins Sonnenlicht!

Draußen glaubte ich, ohnmächtig zu werden. Ich hatte so lange keine frische Luft geatmet. Und ich redete, redete ... wie eine Verrückte.

»Ich bin so froh! Ist es wirklich wahr? Kann ich wirklich nach Hause zurück? Ist das sicher? Ich werde meine Eltern wiedersehen, ich werde Maman wiedersehen?«

Nun hatte ich keine Angst mehr. Ich zitterte vor Erleichterung, vor Freude, Erregung, ich weinte, ich war in Hochstimmung. Ich redete sogar wirres Zeug, ohne wirklich zu realisieren, was mit mir geschah. Ist das auch kein Scherz? Kein Traum? Stimmt es wirklich?

Und dann fuhr ich mit meinen Buntstiften im Eiltempo in einem Wagen Richtung Gendarmerie von Charleroi. Ich habe diese Stifte wohl auf dem Sitz oder in der Gendarmerie liegenlassen. Ich weiß nicht mehr, was ich damit gemacht habe, aber ich sehe sie noch deutlich in meiner Hand.

Ich hatte das Höschen und das völlig verdreckte Hemd an, die Haare standen wirr vom Kopf. Aber ich jubelte!

Einer der Untersuchungsbeamten in dem Wagen schaute mich an und sagte: »Ist das eine verrückte Geschichte!«

Er war so überrascht gewesen, mich dort zu sehen! Eigentlich suchten die Gendarmen in diesem Moment nur Laetitia. Sie hatten schon die Hoffnung aufgegeben, mich nach so langer Zeit lebend zu finden. Ich verdanke es also der Entführung von Laetitia und den folgenden raschen Ermittlungen, dass ich lebend davongekommen bin.

Früher oder später hätte er genug von mir gehabt.

Auch wenn er den Rest seines Lebens weiterlügt: Dieser unsägliche Typ, neben dem ein Monster direkt sympathisch wirken würde, hatte sich angewöhnt, immer zwei kleine oder größere Mädchen zu kidnappen. Ich bin kein Polizist, aber der *»modus operandi«*, wie man auf lateinisch sagt, die Art, wie er dabei vorging, war am Ende seiner Laufbahn die gleiche wie am Anfang. Nachweislich hat er es mindestens zweimal gemacht.

Vor uns hatte es An und Eefje, Julie und Melissa gegeben.

Ich schreibe dies nicht, weil ich versuchen will, mich dafür zu entschuldigen, dass ich eine »Freundin« verlangt hatte. Ich forderte diese Freundin mit der

Naivität meiner zwölf Jahre und weil ich durch diese grauenhafte Isolation, in der ich gehalten wurde, dem Wahnsinn nahe war.

Ich bin davon überzeugt, dass dieses Ungeheuer sich so seine »Reserve« heranzog. Ich war nicht mehr zu »gebrauchen«. Laetitia sollte mich ablösen.

Ich habe die Dinge möglicherweise ein wenig beschleunigt. Vielleicht hatte er auch schon selbst diese Idee, aber das ist unwichtig. Was zählt, ist nur, dass am Tag von Laetitias Entführung endlich sein klappriger Lieferwagen aufgefallen war. Erste Zeugin war eine Nonne, die am Fenster stand und seinen kaputten Auspuff hörte, der einen Höllenlärm machte.

Für einen Schrotthändler, denn das ist sein »Beruf«, nicht sehr schlau.

Anschließend fiel der Wagen noch jemand anderem auf, der denselben verrosteten weißen und rüttelnden Lieferwagen beschrieb, einen Renault Trafic mit einer Menge Aufkleber auf den Scheiben. Dieser junge Mann erinnerte sich an drei Buchstaben oder Ziffern des Nummernschildes. Dank dieser Angaben fand die Gendarmerie den glücklichen Inhaber dieses Schrotthaufens, einen rückfälligen Sexbesessenen und Exhäftling.

Man erzählte mir, dass er im Garten seines Hauses zusammen mit seiner Frau in einem Überraschungscoup »geschnappt« und sofort in Handschellen gelegt wurde – ich hoffe, die Polizei überwältigte ihn schneller, als es ihm zweieinhalb Monate zuvor bei mir gelang, als er mich vom Rad zerrte.

Auf der Gendarmeriestation in Charleroi kannte ich diesen Sachverhalt noch nicht. Ich war noch wie betäubt und doch hellwach.

Wir wurden gefragt, ob wir zu einem Arzt wollten. Ich lehnte ab, ich war doch nicht krank!

»Nein! Aber ich möchte etwas essen und trinken, ich möchte mich waschen. Und diese unappetitlichen Kleider ausziehen. Und ich will meine Eltern sehen!«

»Dein Vater wurde soeben erst informiert, er ist unterwegs und bringt dir etwas zum Anziehen mit.«

Meine Reaktion hatte die Untersuchungsbeamten überrascht. Später sagte man mir, ich hätte das mit einer für mein Alter erstaunlichen Stärke »überstanden«. Das mag schon sein. Ich war mir dessen nicht bewusst, ich war schon immer ungeduldig!

Das einzige, was ich wollte, war, nach Hause zu kommen, ganz einfach und so schnell wie möglich.

Aber ich musste noch etwas warten, denn meine Eltern wohnten weit weg. Für meinen Geschmack hätte das alles gern schneller gehen dürfen. Ich war wirklich sehr froh!

7

Die »grosse« Rückkehr

Ich saß vor einer Tasse heißer Schokolade und einer Waffel. Viel gab es nicht im Süßigkeitenautomaten der Gendarmerie. Sie hatten für mich das Nahrhafteste ausgesucht.

»Ich stelle dir den Untersuchungsrichter vor, der für den Fall zuständig ist.«

Ich starrte diesen Mann verwundert an. Was ist ein Untersuchungsrichter? Für den Fall zuständig? Welcher Fall? Ich war vollkommen verwirrt.

»Sie sind Untersuchungsrichter?«

»Ja!«

Ich drehte mich zu dem Ermittler um.

»He, er trägt ein Hawaiihemd!«

Ich erwartete es nicht, einen Untersuchungsrichter zu sehen, vor allem nicht mit einem kunterbunten Hemd! Der Richter Connerotte war so angezogen, als sei er gerade aus dem Urlaub zurückgekommen. Alle hatten die Hoffung aufgegeben, mich nach zweieinhalb Monaten noch am Leben zu finden. Die Ermittler staunten mich an, als wäre ich aus einer Wundertüte herausgekommen!

Ich konnte die Ursache ihrer Verwunderung nicht verstehen. Es hingen überall in Belgien Suchanzeigen mit meinem Bild und dem meines Fahrrads, und ich hatte keine Ahnung davon. Ich hatte nicht mal Laetitia geglaubt, als sie mir gesagt hatte: »Du wirst gesucht.« Ich hatte es immer noch nicht verarbeitet. Alles war konfus. Ich war da zwar raus, aber ich wusste nicht, wie und warum. Das Szenario, das der Dreckskerl mir eingeredet hatte, funktionierte weiterhin. Ich war nicht im Kopf von Laetitia, ich hatte keine Ahnung davon, was sie ihrerseits verstand, aber da wir beide diesem Triebtäter »danke« gesagt hatten, mit einem Kuss auf die Wange auch noch, war es für die Ermittler dringend notwendig, uns aufzuklären.

Ich kann mich nicht an den genauen Wortlaut erinnern, den sie benutzten, aber es klang ungefähr so: »Er hat euch Geschichten erzählt. Ihr wurdet reingelegt. Er ist nicht euer Retter. Man hatte ihn seit langem in Verdacht, er ist ein Wiederholungstäter, er hat eine schwere Vergangenheit hinter sich. Er ist in der Zelle nebenan.«

Dieser Satz – »Ihr wurdet reingelegt« – ist in meinen Kopf eingedrungen wie ein vergifteter Pfeil. Das Spielkartenschloss stürzte ein. Ich hatte alles »geschluckt«, war davon überzeugt, dass dieser Sadist nicht log. Er hatte mir und meinen Eltern eine Heidenangst eingejagt, er hatte mir das alles angetan, nur um mir weh zu tun?

Erneut hat sie meine Reaktion überrascht.

»Ach ja? Er ist in der Zelle nebenan? Ich will ihn sehen! Ich will ihm sagen, was ich denke!«

»Nein, nein, bleib ruhig!«

»Wie eine blöde Kuh habe ich ihm geglaubt. Ich habe diesem Dreckskerl sogar ›danke‹ gesagt!«

Das war das Schlimmste. Wenn ich bis zu diesem Augenblick hätte zurückspulen können, hätte ich dieses doofe »Danke« gelöscht.

Ich war wütend, bereit, mich auf ihn zu stürzen, wenn die Polizisten mich hätten tun lassen. Ich hätte ihn mit »Schwein« beschimpft, das ist sicher.

Hätte ich ihm zu diesem Zeitpunkt sagen können: »Du hast mich schön reingelegt, aber du wirst noch sehen! Nun bist du es, der im Knast verrotten wird, freust du dich?«, wäre ich erleichtert gewesen. Ich war fit, wahrscheinlich zu fit, und von den Umständen überfordert. Ich war erst zwölf und stolz darauf, einen »schlechten Charakter« zu haben. Ich reagierte eigentlich so, als hätte mir eine Schulfreundin einen bösen Streich gespielt. Ich wollte diesen Sadisten beschimpfen, ihm alles ins Gesicht spucken, diese Geschichte auf eigene Faust regeln!

Ich war gleichzeitig wütend und euphorisch. Ich wusste nicht, ob ich lachen oder weinen sollte. Alles schwirrte in meinem Kopf herum. Ich dachte gleichzeitig an das, was ich in den kommenden Tagen zu Hause machen würde, an meine Eltern, an die Schule, die zwei Wochen später anfangen sollte. Ich kam nach Hause zurück, es war wunderbar. Aber was war mit meinen Eltern, meiner Familie? Sie würden bald dasein!

»Was werden sie sagen? Was werde ich ihnen erzählen?«

Ich hatte schon alles in meinen Briefen erklärt. Hatten sie sie bekommen?

Jahre später fällt es mir schwer, die Gefühle, die mich damals beunruhigten, zu analysieren. Schuld und Scham für das, was ich hatte ertragen müssen. Wut und Glück darüber, weil ich endlich draußen war … Es gab wahrscheinlich ein unheimliches Durcheinander in mir, wobei ich nicht in der Lage war, eine Bilanz zu ziehen. Instinktiv reagierte ich auf all diese Widersprüche, so gut ich konnte.

Die Ermittler haben mir gesagt: »Mach dir keine Sorgen, zerbrich dir nicht den Kopf mit Fragen. Du wirst sie schon sehen, wenn sie dasein werden.«

Dann haben sie mir mitgeteilt, dass mein Vater allein kommen würde.

»Wo ist Maman?«

»Dein Vater wollte nicht, dass sie mitkommt. Er wusste nicht, in welchem Zustand du sein würdest, deswegen hat er sie zu Hause gelassen.«

Damit war ich gar nicht zufrieden. Man kündigte mir an, ich würde meine Eltern gleich wiedersehen, und dann sehe ich nur einen von beiden wieder, weil man sich um meinen Zustand Sorgen macht. Mein Zustand ist doch allen egal, sie sollte sich freuen, mich wiederzusehen! Warum hat er sie denn zu Hause gelassen?

Hinzu kam auch noch, dass alle mich für verrückt oder krank hielten, man schlug mir vor, einen Arzt zu sehen! Sie ließen Maman zu Hause!

Als mein Vater eintraf, wollte ich zuerst schimpfen, weil er allein gekommen war. Schließlich habe ich ihm einfach gesagt, dass ich glücklich sei, dass ich gegessen habe, dass alles toll sei und dass es Zeit war wegzufahren, weil ich es satt hätte. Und er überflutete mich mit Fragen. Man konnte sich kaum noch verstehen, denn alle sprachen gleichzeitig, er, ich, die Ermittler …

Meine Gefühle überwältigten mich nun, und weinend fiel ich meinem Vater in die Arme. Ich wollte weg. Der ganze Zirkus nervte mich. Ich war draußen, der Rest war mir schnuppe. Er hat mir Klamotten gegeben. Mit einer Sozialarbeiterin ging ich aufs Klo, um mein Gesicht zu waschen und mich anzuziehen. Ihrerseits tat Laetitia dasselbe. Sie ist auch zu ihren Eltern zurückgekommen. Das »normale« Leben fing für uns beide von neuem an.

Dann habe ich meinen Vater am Ärmel gezogen.

»Na, gehen wir jetzt, kehren wir nach Hause zurück, ich bleibe nicht hier!«

Aber dann bekam ein Ermittler einen Anruf, dass

meine Mutter mit einer Kollegin auf dem Weg hierher sei. Sie wollte unbedingt zu mir kommen, dass niemand sie hatte aufhalten können. Ich war überglücklich, als sie ankam, aber es wurde mir schnell zuviel. Eigentlich erstickte ich schon im Gendarmeriebüro von Charleroi. Ich hätte gern meine Beine in die Hand genommen. Meine Mutter ist auch noch über mich hergefallen: »Geht es dir gut? Wie fühlst du dich? Wir hatten Angst! Wir haben so sehr nach dir gesucht!«

»Ich, ich wusste nicht, dass ihr mich sucht. Ich war dort, ganz allein, ohne Lebenszeichen von euch.«

Ich weiß nicht mehr, wonach sie mich noch fragte. Es lautete immer: »Geht es dir gut?« – »Ja, es geht mir gut.« Ich war unversehrt, das war das Wichtigste. Vielleicht nicht superfit, aber nichts Schlimmes …, was sollte ich sonst antworten als »es geht mir gut«.

Ich dachte mir: »Wir kehren zurück, wir reden nicht mehr darüber, man soll mich bloß zumindest heute abend in Ruhe lassen, ich will einfach in meinem eigenen Bett schlafen.«

Inzwischen vermute ich, dass alle ein menschliches Wrack, ein weinendes und erschrockenes kleines Mädchen erwarteten. Ich hatte aber in dem Rattenloch ausreichend geweint und zur Genüge unter dem Eingesperrtsein gelitten. Die Erwachsenen sahen die Sache anders. Ich war das Opfer eines Sadisten von großem Format. Sie dachten einzig und allein an die

Misshandlungen. Ich aber wollte nicht mehr daran denken. Ich war dem Tod entronnen, ich lebte … Nie wieder Angst zu haben, nie wieder Schmerz zu empfinden war alles, was ich mir wünschte. Und schnell, so schnell wie möglich meine Orientierungspunkte wiederzufinden, mein Bett, meine Teddys, meine Gewohnheiten.

In einem Zivilstreifenwagen der Gendarmerie sind wir zu dritt mit einem Ermittler aus Tournai weggefahren. Als wir am Autobahnkreuz von Tournai-Kain, an dieser besagten Brücke, unter der ich am Morgen des 28. Mai hindurchgefahren war, ankamen, sah ich ein Transparent: »Willkommen«. Die Einwohner hatten Zeit gehabt, um es zu basteln. Die Nachricht über meine Befreiung hatte sich wie ein Lauffeuer im Viertel verbreitet, und ich war nicht darauf gefasst. Eine Menschenmenge ging zu Fuß zu dem Haus, in dem ich wohnte. Der Eingang war versperrt. Überall standen Autos. Es war eine Riesenfeier, sie verbrannten all die Suchanzeigen. Ich war schon verängstigt und nervös, dieser Trubel jagte mir etwas Angst ein. Der Gendarmeriewagen kam durch die Menge der versammelten Einwohner und Journalisten mit ihren Übertragungswagen nicht durch.

Ich konnte nicht mal die rote Fassade des Hauses sehen. Ein Panikknoten bildete sich wieder in meinem Hals. Ich mag die Menge nicht. Seit je fühle ich mich dort gefangen. Für mich war dieser

Freudenausbruch verblüffend. Ich habe nur gefragt: »Was ist das? Wer sind all diese Leute?«

»Wir suchen dich schon seit achtzig Tagen, es ist verständlich, dass wir feiern wollen.«

Mir war nicht bewusst, dass all diese Menschen wussten, dass ich verschwunden war. Dass sie mich unablässig gesucht, zahlreiche Treibjagden organisiert und den Fluss abgesucht hatten. Dass die Gendarmen mit einem Hubschrauber über die Region geflogen waren. In Belgien war eine Spezialeinheit für die Ermittlungen über entführte Kinder zuständig. Julie und Melissa, acht Jahre alt, An und Eefje, jeweils siebzehn und neunzehn Jahre alt, und viele andere. Ich wusste nicht, wie weit die Nachricht der Verhaftung des Monsters von Belgien gedrungen war. Eltern suchten ihre Kinder, ich selbst hatte vor meiner Entführung die Bilder von Julie und Melissa bei einer Freundin gesehen. Das war doch die Höhe! Und sie hatten nach mir gesucht, alle, und ich lebte!

Eine regelrechte Psychose herrschte in Belgien und sollte nach der Verhaftung des »meistgehassten Mannes Belgiens« noch zunehmen. Sie sollte weiter anschwellen, das Land erschüttern, politische Konflikte und Rücktritte verursachen, manche Ermittler wurden ausgetauscht, sogar der Richter mit seinem Hawaiihemd, den ich gerade kennengelernt hatte, und Michel Demoulin, mein Retter. Jahre später sollte ich mich mitten in einem gigantischen Streit befinden.

Die einzige überlebende Zeugin der Verbrechen eines feigen und verlogenen Psychopathen, der in den Köpfen Tausender Menschen herumspukt und ihnen keine Ruhe lässt und abermals Kilometer von Zeitungspapier füllen sollte.

Ich kannte nur meine Geschichte und kaum die von Laetitia. Es ist immer noch so. Ich fühlte mich schuldig, weil ich nach »einer Freundin« gefragt hatte. Lange Zeit habe ich gedacht, dass ich in einen Topf mit diesem Dreckskerl geworfen würde, wobei ich doch wusste, dass es nicht meine Schuld war. Er hat Laetitia traumatisiert, nicht ich. Aber ich war so dumm zu denken, dass er mit ihr nicht dasselbe machen würde. Ich hatte es so satt, mit ihm eingesperrt zu sein, so satt mit der »Marterkammer«, so satt, in einem Rattenloch gefangen zu sein, dass ich nicht eine Minute damit gerechnet hatte, dass er so was tun könnte.

Ich habe den Ermittlern gestanden, dass ich nach ihr verlangt hatte. Sie haben mir aber angesehen, dass ich dermaßen manipuliert worden war, dass ich mich in dem Moment nicht schuldig fühlen konnte. Dennoch geisterte dieses Schuldgefühl in meinem Kopf herum. Ich habe versucht, mich davon zu befreien, indem ich mir sagte, ich hatte zwar nach ihr gefragt, er aber hatte ihr weh getan. Und wenn ich sie nicht »verlangt« hätte, wäre ich tot und er noch auf freiem Fuß! Dieses Gefühl werde ich aber nie vollständig los.

Laetitia weiß es. Dennoch glaube ich, dass sie es mir übelnimmt, obwohl sie es mir nie gesagt hat, um mich nicht zu verletzen. Sie weiß, dass auch ich eine schwere Last zu tragen habe ... Oder vielleicht nimmt sie es mir doch nicht übel, und ich hoffe, dass es so ist. Während des Prozesses haben wir miteinander darüber gesprochen. Es tat mir leid, aber wenn sie es nicht gewesen wäre, hätte er eine andere gefunden. Schließlich hat Laetitia uns beide gerettet.

Als ich damals nach Hause kam, war mir die Sache nicht so bewusst, aber dieses Schuldgefühl war schon da, und ich würde noch lange damit leben müssen.

Diese festliche Stimmung im Viertel war seltsam. Ich kam gerade aus einem Rattenloch, in dem dieser Dreckskerl mich mit seinen Geschichten über Lösegelder, Morddrohungen und Eltern, denen ich egal war, einer Gehirnwäsche unterzogen hatte ... Und nun war ich mitten in einer feiernden Menge, die mich die ganze Zeit über gesucht hatte! Die zwei Bilder konnte ich nicht miteinander in Verbindung bringen. Ich war dem Mistkerl blindlings auf den Leim gegangen, und das nahm ich mir selbst übel. Das war das einzige, was ich in dem Moment registrieren konnte.

Ein Polizist trug mich über die Rosenhecke des Gartens. Ich grüßte viele Personen, ohne im mindesten zu wissen, wer sie waren. Und ich fügte hinzu: »Ihr habt mir gefehlt.« Dieser Satz, der von den

Medien oft übernommen wurde, galt keiner bestimmten Person, sondern war allgemein gemeint. Das Leben hatte mir gefehlt.

Als ich vor meiner Tür ankam, erkannte ich meine Freundinnen aus dem Viertel. Meine Schwester nahm mich aus den Armen des Polizisten. Ich hörte Stimmen, Freudenrufe, einen Wortschwall, aber an der Türschwelle wartete meine Großmutter auf mich. Meine Großmama. Sie hat mir ins Ohr geflüstert, einen Hauch von Glück, nur für mich bestimmt: »Ich freue mich, dich zu sehen.«

In ihren Armen war ich noch stärker überwältigt als in dem Moment, als mein Vater in der Gendarmerie von Charleroi angekommen war. Oma war meine Stärke, der felsenfeste Beweis dafür, dass ich bedingungslos geliebt wurde.

Das Haus war voll von Familienangehörigen. So voll, dass ich mich nicht mal auf das Sofa setzen konnte. Ich habe mich auf dem Boden neben dem Kaffeetisch niedergelassen. Ich erkundigte mich nach allen und versuchte alles zu zappen, alles herauszuschneiden, was mich betraf, wie man bei einer Filmmontage Szenen herausschneidet. Selbst der Familie musste ich nichts »erzählen«. Falls sie es später in der Presse gelesen haben, ist es mir egal.

Ich ging in das Zimmer hinauf, das ich damals mit einer meiner Schwestern teilte, und habe sofort nach meinen Teddybären geschaut. Da noch so viele Leute vor meiner Tür feierten und Suchanzeigen verbrannten, habe ich hinter den Gardinen, ohne das Licht einzuschalten, aus dem Badezimmerfenster hinuntergeschaut. Ich habe der Menge kurz zugewinkt, worauf sie alle wie Wahnsinnige applaudierten. Danach bin ich ganz allein in Tränen ausgebrochen.

Es war unheimlich zu sehen, wie all diese Leute applaudierten, obwohl sie mich kaum sahen. Ich war nur ein Schatten am Fenster. Es jagte mir Angst ein. Es war zuviel.

Bevor ich zu Bett ging, lag ich noch lange in der Badewanne. Ich duftete, nachdem ich aus dem Bad kam. Ein wahres Glücksgefühl. Ich hatte endlich meine Ruhe und war entschlossen, sie zu hüten. Ich habe meinen Kleiderschrank aufgemacht, meine Kleider durchgesehen und überprüft, dass meine Kissen da waren. Alles war an der gewohnten Stelle. Das Zimmer meiner Eltern und das meiner anderen Schwester. Im Wohnzimmer sah ich neue Gegenstände, Lampen und Kissen. Sie hatten sie während meiner Abwesenheit gekauft. Es war ein merkwürdiges Gefühl. Mit zwölf Jahren habe ich es nicht so genau analysiert, es hat mich nur schockiert.

»Nanu, sie haben das alles gekauft, während ich im Rattenloch war.«

*

In den ersten Tagen hatte ich Angst, das Haus zu verlassen und zu Freunden zu gehen. Angst vor den Blicken und den Fragen. Schließlich geschah nichts dergleichen, keine Fragen. Sie waren nicht dumm, auch wenn sie jung waren. Eigentlich haben meine Freunde meine Empfindungen besser verstanden als manche Erwachsenen in meiner Umgebung.

Ich bekam einen Schock, als ich die Zeitungen mit den gedruckten Porträts von Laetitia und mir las. Die Schlagzeilen: »Endlich frei!« – »Am Leben!« Es gab ebenfalls einen Rückblick über alles, was unternommen worden war, um mich wiederzufinden, während ich an meinen Eltern gezweifelt hatte, ohne es ihnen in meinen Briefen zu zeigen, und diesen Dreckskerl täglich hatte erleiden müssen, wobei ich ihm alles abgekauft hatte, was er mir erzählt hatte. Ich fühlte mich so dumm, es war mir so peinlich, ihm blindlings auf den Leim gegangen zu sein!

Am 16. August marschierten alle bei uns ein. Viele kamen, um mir Geschenke zu machen, Blumen zu bringen, ein Feuerwerk wurde in der Siedlung von den Bewohnern des gesamten Viertels organisiert. Es freute mich, dennoch war ich weiterhin vom ewigen »Geht es dir gut?« – »Ja, es geht mir gut« umzingelt und gefangen.

Am Morgen des 17. August kamen die Ermittler zu uns, um meine Aussage aufzunehmen. Am selben Abend erfuhr man in den Abendnachrichten, dass die

Leichen von Julie und Melissa in Sars-la-Buissonière, im Garten eines der Häuser dieses Dreckskerls, gefunden worden waren. Die zwei kleinen Mädchen, die seit Juni 1995 spurlos verschwunden waren.

Die Bilder zeigten sogar die Ausgrabungen mit dem Bagger und die Löcher im Gartenrasen. Ich war nur knapp entkommen. Ich hätte es sein können, da, in diesem Garten. Und Laetitia nach mir.

Ich musste mich unbedingt von alldem abschirmen. Von dieser Todesangst, die mehr als zwei Monate lang auf mir gelastet hatte. Die Realität, diese grausamen Bilder führten mich wieder in das Verlies zurück, meine Moral sank auf Null, und ich wollte nicht wieder ins dunkle Loch fallen.

Am Morgen fand ich es schwer, den Ermittlern zu antworten. Ich hatte keine Zeit gehabt, um wirklich aufzuatmen. Es musste aber sein, bevor ich zuviel vergesse. Manchmal war es mir peinlich, gewisse Fragen zu beantworten. Sie sahen es wohl und ließen sich Zeit.

»Wenn es dir zuviel wird, sag es, wir machen eine Pause und fahren dann später fort. Wir sind nicht da, um dir auf die Nerven zu gehen, sondern nur weil es notwendig ist. Du brauchst dich nicht zu schämen, es ist nicht deine Schuld, und je mehr du uns sagst, um so besser ist es.«

Der andere, der Dreckskerl, steckte mitten im Verhör, und ich würde ihm nicht die Gelegenheit geben, weitere Lügen zu erzählen. Ich hatte voll und ganz verstanden, dass ich alles sagen musste, bevor ich die für die Ermittler relevanten Elemente vergessen würde. Diese Leute hatten das Monster erwischt, sie hatten uns aus seinen Krallen befreit, und ich vertraute ihnen blindlings. Mit ihnen konnte und musste ich reden. Mit niemandem sonst. Ich wollte auch keinen Arzt sehen, aber ich musste das – wegen der Ermittlungen – trotzdem akzeptieren

Am Abend war es mir angesichts der ganzen Erinnerungen zuviel. Schon am Tag darauf verspürte ich das Bedürfnis zu fliehen, zu meiner Freundin nach nebenan zu gehen oder mich in mein Baumhaus zurückzuziehen. Ich wollte die letzten Tage vor dem Schulbeginn genießen. Ich musste gelegentlich mit der Faust auf den Tisch hauen, um zu meiner Freundin gehen zu dürfen, die doch nur drei Meter von uns entfernt wohnte.

»Geh nicht raus, pass auf!«

»Ist ja gut, was soll mir denn noch passieren! Es ist hell, im Viertel sind überall Leute, das Wetter ist schön, einer mäht seinen Rasen ... ich will hier raus.«

Ich hatte keine Angst mehr vor der Welt, ich wollte in mein früheres Leben zurück. Die Bewohner des Viertels hatten mir ein Fahrrad geschenkt, ich wollte damit zur Schule fahren, aber natürlich hieß es nein.

»Nein, du wirst nicht allein zur Schule gehen! Noch nicht!«

»Ich werde nicht für den Schulweg auf das Fahrrad verzichten, bloß weil es passiert ist! Sollte das noch mal geschehen, dann habe ich wirklich Pech.«

Am Anfang war ich sehr misstrauisch. Wenn jemand hinter mir herlief, hatte ich das Gefühl, er würde mir folgen, zum selben Ort gehen. Ich wollte ihn genau sehen. Es konnte sich einfach um jemanden aus dem Viertel handeln, der zur Bäckerei ging, aber für den Fall wollte ich mir dennoch das Gesicht merken. Ich hatte alles gut beobachtet, hatte zum Beispiel alle Einzelheiten der Entführung beschreiben können, den mickrigen Mann mit der Mütze, seine Bomberjacke. Die Beschreibung des Hauses, der Zimmer, all das, was ich bemerkt oder gehört hatte, war in meinem Kopf eingraviert. Ich habe ein sehr gutes Gedächtnis, vor allem was Details angeht.

Schon davor konnte ich mir ganz leicht Autokennzeichen und Telefonnummern merken, das war zu einem unbewussten Spiel geworden. Wenn ich nun einen Lieferwagen sah, selbst wenn er nichts Verdächtiges an sich hatte oder einfach dem Eisverkäufer gehörte, schaute ich direkt auf das Kennzeichen. Ich passte ein bisschen mehr auf, mehr nicht. Ich wollte ein normales Leben führen und nicht dem Verfolgungswahn verfallen.

Ich rannte den kleinen Mädchen nicht hinterher, um sie zu warnen. Warnen …, aber wovor?

Man neigt immer dazu zu denken, dass es nur die

anderen trifft, aber es kann allen passieren. Es kann an der Straßenecke geschehen. Der kleinen Loubna zum Beispiel, die einfach auf dem Weg zum Einkaufen an einer Tankstelle vorbeiging! Wer hätte sagen können, dass ein Dreckskerl sie in dieser Tankstelle entführen würde? Dass man sie erst Jahre später wiederfinden würde? Niemand. Nichts kann ein Kind vor einem solchen Ungeheuer schützen! Ich war meinerseits einfach auf dem Weg zur Schule gewesen. Ich bin nie dort angekommen. Wer hätte mich davor warnen können? Niemand. Ich weiß nicht mehr, wann ich wieder mit dem Fahrrad zur Schule gefahren bin, aber ich habe sehr früh darauf bestanden. Und wenn meine Schwester mich begleitete, so war das »früher« schon der Fall. Es kam vor, dass ich vor ihr losfuhr und sie mich auf der Straße einholte.

Zu Hause aber waren meinetwegen alle überängstlich, besonders meine Mutter. Ich verkraftete das sehr schlecht.

Alle Bewohner der Siedlung hatten Angst, ihre Kinder gingen nicht mehr hinaus! Ich wollte keine Psychose in der Familie. Ich wollte weder etwas erzählen noch, dass meine Mutter die Briefe liest, die ich in einer Ecke des Verlieses verfasst hatte. Die Ermittler, ja, der Richter, ja, später während des Prozesses, ja. Aber meine Mutter verstand das nicht.

»Im Grunde hast du sie für mich geschrieben! Ich habe das Recht, sie zu lesen!«

Ich wollte vergessen, mich selbst wieder aufrappeln und vor allem nicht täglich wieder in diese Geschichte eintauchen. Am Anfang war es aber schwierig. Obwohl ich dagegen war, habe ich den Arzt einmal wegen Proben oder etwas in der Art gesehen, weil der Richter es »angeordnet« hatte. Ein paar Tage später kam noch jemand, um erneut wegen der Analyse Haare von mir zu nehmen. Spuren von Schlafmitteln und anderem Kram, die mich »der andere« hatte schlucken lassen, sollten untersucht werden. Aber die Dosis war so niedrig, dass sie mich nicht hätte wahnsinnig machen können, wie manche es später behauptet haben. Der Arzt sagte vor Gericht aus, dass die Menge nicht der Rede wert sei.

Der Bürgermeister hatte mich zu Hause besucht. Ich hatte die Gelegenheit genutzt, ihn darum zu bitten, in der Rue du Stade, meinem Entführungsort, Laternen installieren zu lassen. Viele Kinder kamen vormittags und abends da vorbei. Zwei oder drei Wochen später standen sie. Dafür musste erst das mit mir passieren!

Bei der zweiten Befragung traf ich Michel wieder, den Ermittler, der in der Presse als Held der Geschichte galt. Er hatte die Geständnisse aus dem Monster herausgepresst und das Schwein ausgequetscht. Er musste mir damals manche Sachen erklären, die ich schnell wieder vergaß, da ich alles vergessen wollte. Außer dass er mein wahrer »Retter«

war. Es war erst nach dem Prozess, dass er mir ein wenig von seiner Methode, mit der er die Geständnisse bekommen hatte, erzählt hat: Dieser Dreckskerl war so eingebildet, dass Michel ihn ausgerechnet dank dessen eigener Selbstgefälligkeit und Eitelkeit gekriegt hat.

Er bearbeitete ihn seit langem. Der Idiot saß in der Klemme, denn sein Komplize, ein Drogensüchtiger, hatte ihn längst verpfiffen. Michel hat mir erzählt, dass der Dreckskerl irgendwann »soweit« war: Er hat ihm geschmeichelt, indem er behauptete, er würde es ohne seine »Hilfe« nie schaffen. In dem Moment hat er gespürt, dass das Monster auspacken, ihm eine Art »Geschenk« machen würde, um zumindest den Anschein zu geben, dass er die Situation noch »beherrsche«. Man verhörte ihn wegen der Entführung von Laetitia, die er nicht leugnen konnte, da es Zeugen gab. Und plötzlich kündigte er groß auftretend an: »Ich werde euch zwei Mädchen geben.«

»Ich war überrascht, wir suchten nur Laetitia«, erzählte Michel. »Warum sagte er ›zwei‹? Dann habe ich mich umgedreht. Dort im Zimmer, in dem wir ihn befragten, hing ein Bild von dir. Ich fragte, ob du es seiest, und er antwortete mit Ja, Laetitia sei nicht allein. Er würde uns die Schlüssel zu seinem Haus in Marcinelle geben und uns selbst zeigen, wo er euch versteckte.«

Ich nehme an, dieser Angeber hat ihnen erklärt,

dass nur er uns aus diesem Loch herausholen könne, weil wir sonst Angst hätten, wenn er nicht da wäre … Seine Opfer hörten ja auf »seine Stimme«!

Ich habe Jahre gewartet, bevor ich Michel wieder begegnete, weil ich mich absichtlich aus dieser gigantischen Affäre heraushielt, die irrsinnige Ausmaße annahm. Michel war mittendrin plötzlich der Fall entzogen worden, und ich fand es bedauerlich. Ich bewundere diesen Mann, seine Arbeit, seine Unparteilichkeit und seine Strenge. Er gehört zu denen, für die dieser Dreckskerl ein selbstgefälliger Psychopath und ein Manipulator ist. Er ist nicht auf dessen Spiel reingefallen, sondern hat es für sich genutzt. Das Monster ist nicht, wie er es uns glauben lassen will, nur ein Mittelsmann innerhalb eines angeblichen Netzwerkes, dessen Drahtzieher die wichtigsten Politiker des Landes sein sollten. Er lügt wie gedruckt, er formuliert Theorien, die so miserabel sind wie er, und ich hoffe, dass er langsam daran ersticken wird. Wenn ich bloß daran denke, dass er Kinder hat, seine Frau seine Komplizin war, die für ein Geständnis jahrelang gebraucht hatte, während kleine Mädchen einsam starben und andere in seinem Garten begraben lagen! Diese Menschen sind keine Menschen. Ich weiß nicht, was sie sind. Er heißt Marc Dutroux, sie heißt Michèle Martin, aber für mich sind sie unsäglich widerlich.

Dieser Dreckskerl trieb seit den achtziger Jahren

sein Unwesen. Er war wegen Vergewaltigung und anderer Übeltaten zu dreizehn Jahren Haft verurteilt worden, aber bereits am 8. April 1992 wegen »guter Führung« entlassen worden, obwohl der Gefängnispsychologe und die Staatsanwaltschaft dagegen plädiert hatten …

Er hatte sich geschworen, es noch einmal zu versuchen, diesmal ohne erwischt zu werden. Er hat es vier Jahre lang mit Hilfe seiner Frau und eines heruntergekommenen Drogensüchtigen geschafft.

Mit zwölf Jahren wusste ich nicht, was Psychopath bedeutet, und selbst mit zwanzig Jahren verstehe ich immer noch nicht, wie ein Psychopath tickt. Alles, was ich weiß, ist, dass ich ihm eines Tages von Angesicht zu Angesicht in die Augen schauen wollte. Man hatte es mir mit zwölf verboten, vermutlich um mich zu beschützen. Ich musste acht Jahre warten, um es tun zu können.

Und es war dieser Dreckskerl, der den Blick zu Boden richtete.

8

Meine eigene kleine Therapie

Der Untersuchungsrichter wollte, dass ich einen Psychologen besuche, und so erinnere ich mich vage an seltsame Zeichnungen, auf die ich hätte reagieren sollen. Es war lächerlich, ich hatte dazu nichts zu sagen. Ich wollte nicht darüber reden. In der Tat, es war geschehen, und ich würde es nie vergessen ... Und damit basta! Es würde mir nichts nutzen, es jahrelang durchzukauen. Es war passiert, daran konnte ich nichts mehr ändern. Mein Kopf war nicht leer, aber hätte ich zugelassen, dass jemand darin herumwühlt, wäre ich mit aller Wahrscheinlichkeit vor lauter »warum« und »wie« verrückt geworden.

Man dachte, ich sei krank. Ich war sicher schokkiert, aber nicht krank. Es wurde gesagt: »Sie ist sehr bodenständig.« Manchmal vielleicht zu sehr. Es ist aber so. Ich wollte ganz normal wieder zur Schule gehen. So etwas kann man nicht heilen, es ist besser, wenn man sich daran gewöhnt und allein zurechtkommt. Aber niemand hat es verstanden.

Ich wollte eine Schutzmauer um mich bauen.

Mein Anwalt ist der einzige, der das einsah. Dennoch ging ich damals nicht zu ihm, da ich noch minderjährig war. Meine Eltern und Geschwister haben jahrelang Psychologen zu Rate gezogen. Sie hatten es, glaube ich, am nötigsten.

Eigentlich hatte ich niemanden, dem ich mich hätte anvertrauen können. Die Freundinnen in meinem Alter hätten mich nicht verstanden. Meine damalige beste Freundin hatte noch die Denkweise einer Zwölfjährigen. Ich meinerseits war eine Zwölfjährige mit der Einstellung einer Achtzehnjährigen. Ich brauchte niemanden. Ich musste selbst an mir arbeiten.

Ich habe meine eigene Therapie gemacht. Jedes Mal, wenn mir Bilder durch den Kopf schossen, versuchte ich, sie wegzuzappen und an etwas anderes zu denken. Das mache ich immer noch. Ich bin zwar nicht besonders selbstbezogen, aber oft kommt es vor, dass ich beim Haarbürsten oder Schminken vor dem Spiegel mit mir selbst rede. Manchmal laut, manchmal leise, je nachdem, ob jemand im Haus ist. Ich spreche mich an, als würde jemand anders mir gegenüberstehen, und gebe mir selbst Antworten. Wenn ich trübselig bin, komme ich allein damit zurecht. Nach acht Jahren denke ich, dass Trübsalblasen nichts nützt. Schuldgefühle ebensowenig. Man muss loslassen können, sich sagen, dass es nie wieder geschehen wird; zumindest hoffe ich es.

»Du bist damit gut fertig geworden, und nun darfst du nicht den Boden unter den Füßen verlieren.«

Am Anfang wollte ich nur meine Ruhe haben. Ich war in meinem Kokon und fing schon an, mir meinen Schutzschild zu basteln. Ich wollte weder Fragen noch Antworten hören. Jedes Mal, wenn eine Reportage im Fernsehen lief, weigerte ich mich, sie zu sehen, und behauptete, sie würde mich nicht interessieren. Falls ich aber um 3 Uhr morgens Lust hatte, die Nachrichten zu gucken, machte ich es heimlich. Das war der einzige Ausweg, damit die anderen mich nicht über die Reportage oder die Fakten ausfragten. Ich hatte das Glück, dass meine lieben Eltern mir den Freiraum gaben, den ich brauchte. Ein Zimmer unter dem Dach für mich allein mit einem Fernseher und allem, was ich brauchte. Ich konnte mich zurückziehen, ganz allein fernsehen, nachdenken, weinen oder lachen, wenn ich es wünschte. Ich hatte meine Ruhe. Und wenn man mich fragte: »Hast du die Nachrichten geguckt?«, antwortete ich: »Nein, warum? Ich habe lieber einen Film angeschaut.« Manchmal stimmte es sogar.

Am Anfang fiel es mir schwer, mich abzuschirmen. Zwischen dem 15. und dem 17. August wurden die Leichen von Julie und Melissa entdeckt. Ich erfuhr, dass sie starben, während dieser Dreckskerl im Gefängnis saß. Seine Frau sollte ihnen Wasser und Essen bringen, aber sie hatte Angst, die Tür des Verstecks zu öffnen. Dort, wo ich selbst kaum Luft bekommen hatte, hatte Julie ihren Namen an die Wand geschrieben. Er war aber fast verschwunden, und ich habe ihn nicht entdeckt. Als das Monster aus dem Gefängnis kam, blieb ihm nur eines übrig: sie in seinem Garten zu begraben.

Am 3. September meldeten die Ermittler zwei weitere Todesfälle. Die Leichen von An und Eefje wurden in der Nähe vom Chalet seines Komplizen, dessen Leiche man auch dort fand, entdeckt. Als sie begraben wurden, schliefen sie zwar, aber sie lebten noch.

Jedes Mal stellte ich mir vor, ich wäre nun an der Reihe gewesen. In welchem Garten hätte man mich aufgefunden? Sogar während des Prozesses wollte ich nicht an diesem Teil der Anhörung teilnehmen. Ich hatte überlebt, und es war für die anderen Eltern schwierig, mich da leibhaftig zu sehen. Es ist auch nicht einfach, die Überlebende eines Massakers zu sein.

Zu Hause erstickte ich fast: »Geh nicht ohne deine Schwester raus, geh nicht allein zum Geschäft, du wirst noch nicht mit dem Fahrrad zur Schule fahren …« Ich konnte es nicht mehr ertragen und wollte schreien: »Lasst mich in Frieden, hört auf, im Fernsehen darüber zu berichten, hört auf, mich dumm und dusselig zu reden, hört auf, aufrührerische Schlagzeilen in den Zeitungen zu schreiben! Lasst mich zur Schule gehen und mein Leben leben! Die Erwachsenen sollen doch mit ihren Ermittlungen und Monstern allein fertig werden!«

Zu meinem Unglück las und hörte man täglich darüber.

In der Schule haben sie keine Fragen gestellt, weil der Schulleiter eine kleine Rede gehalten hatte und am Schuljahresanfang zu mir gekommen war.

Er hatte mich gefragt: »Wann willst du mit der Schule wieder anfangen?«

Ich hatte geantwortet: »Am 1. oder 4. September, zum Schulbeginn halt.«

»Bist du dir sicher? Willst du nicht noch ein paar Tage zu Hause bleiben? Du hast keine Ferien gehabt.«

»Nein, ich würde mich von den anderen absondern, wenn ich nachkäme.«

Ich hatte schon Angst bei dem Gedanken, dass die Leute mich anstarren könnten, wenn ich mitten im Schuljahr erscheinen würde. Ich wäre mir wie die Neue vorgekommen, die von irgendwoher kommt.

Ich erfuhr, dass ich in die 6. Klasse kommen sollte, obwohl ich dachte, ich würde in der 5. sitzenbleiben, und das freute mich. Ich habe keine Probleme gehabt. Die Kinder respektieren eher die Geschichten der anderen. In deren Welt ist es einfacher. Es wird nicht über die Sachen gesprochen, die einen stören. Durch die Zeitungen, das Fernsehen und die Eltern erfuhren sie genug darüber. Sie haben wohl verstanden, dass ich mein Leben leben und mich von der Geschichte lösen wollte. Aber ich habe es abgelehnt, als meine Klasse eine Feier organisieren wollte. Ich verstand zwar, warum sie diese Feier veranstalten wollten. Auch sie hatten nach mir gesucht. Sie haben mir eine Suchanzeige geschenkt, die alle signiert hatten. Mir war aber bei der Rückkehr in die Schule nicht nach einer Feier zumute. Ich wollte niemanden sehen. Wir würden sowieso das Jahr zusammen verbringen. Wenn sie mit mir über das Geschehene sprechen wollten, hatten sie noch Zeit, es zu tun. Sie waren jetzt beruhigt, weil ich nicht mit Wunden verletzt zurückgekommen war, ich war lebendig und heil. Manche haben mir gesagt: »Es ist schade, wir haben nach dir gesucht, und eigentlich warst du gar nicht so weit.«

»Ja, wir könnten uns schwarzärgern, aber was soll man dagegen tun? Es sollte so sein.«

Ich würde nicht über das Haus, das Verlies und den Rest erzählen. Die Details haben sie von der Presse erfahren. Auf jeden Fall haben sie mir nichts gesagt, auch wenn sie schon alles wussten. Die Lehrer auch nicht.

Am Anfang kamen Journalisten, um vor unserem Haus zu filmen, aber ich kam nie heraus. Mein Vater beantwortete ihre Fragen. Sie haben schnell verstanden, dass wir in Ruhe leben wollten, denn unser

Anwalt hat sofort die Lage geklärt. Es war eindeutig: »Lasst sie in Ruhe!« Aber eines Tages, als ich vor der Haustür mit meinem Hund stand und den Schnee wegfegte, habe ich drei Meter von mir entfernt jemanden mit einer Kamera gesehen. Ich habe mich nicht besonders darum gekümmert. Ich fragte mich wirklich, was es ihm bringen würde, ein Mädchen zu filmen, das Schnee zusammenkehrte!

Am Abend habe ich im lokalen Fernsehen die Bilder gesehen und laut aufgelacht. Man sah vor allem meinen Hund, der seine Schnauze durch die Türspalte steckte. Es war etwas windig, und da Sam ein nicht so gelungener Cockerspaniel ist, flatterten seine zu kurzen Ohren. Nur um Bilder von meinem Sam zu haben, habe ich die Sendung aufgenommen. Er war so süß.

Später, im Jahre 1998 – ich weiß nicht mehr, ob es ein Lehrer oder ein Schüler war –, hat man mir gesagt: »Er ist ausgebrochen! Hast du keine Angst?«

Zuerst dachte ich, es wäre ein schlechter Scherz, aber als ich sah, wie ein Hubschrauber um unsere Schule flog, habe ich mir gedacht, es könnte wahr sein.

Ich will nicht behaupten, ich hätte bei der Vorstellung, er sei auf freiem Fuß, keine Angst gehabt, aber bei näherer Betrachtung sagte ich mir, er wäre wirklich sehr doof, wenn er versuchen würde, mir etwas anzutun. Die Gendarmerie überwachte die Schule und

Umgebung, und Männer hielten sogar Wache vor unserer Tür. Als ich nach Hause kam, waren sie weg, weil der große Ausbruch schon vorbei war!

Wie alle habe ich die Einzelheiten über seinen lächerlichen Fluchtversuch in der Presse nachgelesen. Er war am Gerichtshof von Neufchâteau, um »seine Akte« zu lesen. Er hatte einen Gendarmen niedergeschlagen, einen anderen angerempelt und dessen Dienstwaffe an sich genommen, die angeblich nicht einmal geladen war! Nachdem er in einem geklauten Wagen geflüchtet war, wurde eine Straßenverfolgung eingeleitet, die damit endete, dass er kläglich im Schlamm eines Waldweges steckenblieb. Es war ein Waldhüter, der ihn geschnappt hatte! Auf dem Bild sieht er – mit seinem Kopf zwischen den Büschen und seinen erhobenen Händen – wie ein Vollidiot aus. Natürlich dachte ich mir: »Wenn sie nicht in der Lage sind, ihn besser bewachen zu lassen, werden wir Schwierigkeiten haben, den Fall abzuschließen!«

*

Als die Medien im ganzen Land wüteten, habe ich mir erst recht vorgenommen, um mich herum eine Festung aufzurichten. Meine Eltern hatten dem Anwalt gesagt: »Keine Presse, sie will ihre Ruhe.« Und so habe ich sie gehabt, zumindest, was die Presse anbelangte. Ich musste mich nicht an den Voruntersuchungen beteiligen, da ich minderjährig war, und ich würde noch nicht dem Rechtsanwalt Rivière, der sich unserer Sache angenommen hatte, begegnen. Hätte er mich eines Tages angerufen und gesagt: »Ich brauche nähere Angaben, die nur du und nicht deine Eltern mir geben können«, hätte ich es getan. Aber er hat nicht gefragt, weil er alles verstanden hatte. Alles, was ich hätte sagen können, stand in den Briefen, die man zum Glück teilweise wiedergefunden hatte.

So hüllte ich mich in Schweigen. Keine Journalisten, keine Aussagen, keine Interviews. Einzig mein Vater sprach am Anfang einmal mit einer lokalen Zeitung, danach lebte meine Familie unter Ausschluss der Öffentlichkeit. Am 15. August gab es noch ein paar Bilder des Wiedersehens der »kleinen Sabine« mit ihrer Familie, aber mehr nicht. Erst später schwirrten die Journalisten um mich herum.

Dann kam am 20. Oktober die Ankündigung des »Weißen Marschs«, der dem Andenken der verstorbenen und verschwundenen Kinder gewidmet war. Die Mutter von Elisabeth Brichet hatte zusammen mit den Eltern von Julie und Melissa die Idee gehabt. Die Eltern von An und Eefje waren zurückhaltender, ich weiß nicht mehr, ob sie da waren. Elisabeth war zwölf, als sie am 20. Dezember 1989 verschwunden war. Zur Zeit des Weißen Marschs wusste niemand, was mit ihr geschehen war. Man hat ihren Körper erst

2004 gefunden, fünfzehn Jahre später also, anlässlich der Verhaftung des anderen lauernden Monsters, das zwar aus Frankreich kam, seine Beute aber in Belgien suchte. Elisabeth lag in einem Schloss im Norden Frankreichs begraben.

Das Motto des Weißen Marschs lautete: »Nie wieder«. Die Bevölkerung wollte auch gegen die Entlassung von Untersuchungsrichter Connerotte protestieren, den alle für sehr fähig hielten. Es gab ein Disziplinarverfahren, das man das »Spaghetti«-Urteil nannte: Der Richter hatte die Einladung der Familien der Opfer zu einem Essen akzeptiert. Nach einem Besuch bei Laetitia kam ich nur per Zufall dorthin und redete kein einziges Wort mit dem Richter! Was auch immer gewesen war, er wurde der »Parteilichkeit« bezichtigt, weil er mit den Klägern Spaghetti gegessen hatte! Wir mochten diesen Richter mit seinem Hawaiihemd. Er leistete gute Arbeit. Doch auch Richter Langlois, der ihn ersetzte, ließ sich nichts zuschulden kommen, auch wenn manche das behaupten könnten, um ihre persönliche These zu untermauern. Damals war ich viel zu jung, um die Irrungen und Wirrungen des Justizapparates zu verstehen.

Ich wollte unbedingt zu diesem Weißen Marsch gehen. Mein Anwalt hat mich vor kurzem daran erinnert, weil ich es wirklich vergessen hatte.

»Du hast darauf bestanden, daran teilzunehmen, nicht deine Eltern. Im Gegenteil wollten sie dir diesen

Stress ersparen, da eine riesige Menschenmenge und die Presse aus der ganzen Welt dabeisein würden. Und du hast ihnen erwidert: ›Wenn ihr mich daran hindern wollt, könnt ihr mich auch gleich in den Keller einsperren!‹«

Ich war erst vor zwei Monaten aus dem anderen Keller herausgekommen. Aber da meine gesamte Klasse an dem Marsch teilnahm, gaben meine Eltern nach, und die gesamte Familie fuhr mit Freundinnen aus dem Viertel und Nachbarn zur Prozession … An diesem Tag waren um die dreihunderttausend Menschen auf den Straßen von Brüssel! Für mich ging es einzig und allein darum, den anderen, die gestorben waren, während ich noch lebte, Ehre zu erweisen.

Schließlich habe ich meinen Entschluss bereut. Wegen der vielen Leute bekam ich schnell keine Luft mehr. Eine Sanitäterin folgte mir auf Schritt und Tritt: »Willst du einen Respirator, eine Tablette?«

Ich wollte nichts, nur aufrecht bleiben. Ich erstickte wegen der Menge, wegen der Leute, die, sobald sie mich sahen, sich an mir festklammerten, als wäre ich ein Zirkustier, oder sie starrten mich komisch an. Es war seltsam. Der Marsch wurde einerseits für die verschwundenen oder verstorbenen Kinder organisiert, aber auch für uns beide, die überlebt hatten. Unsere Lage war schwierig gegenüber den Gefühlen der anderen Familien. Ich lebte, aber das hieß nicht, dass der Tod der anderen mich nicht schmerzte. Das war erschreckend, wie diese Riesenmenge aus allen Richtungen schrie, diese Leute mich ohne Grund umarmten, anstarrten, als hätten sie einen Geist gesehen. Weder Laetitia noch ich waren die Heldinnen dieser makabren Geschichte. Wir konnten in dieser Menschenmasse nicht vorangehen. Überall waren Polizeiautos. Weiße Luftballons, kleine Pappkartonmützen wurden verteilt und vor allem die Bilder der entführten Mädchen. Julie und Melissa, An und Eefje: begraben. Elisabeth und die kleine Loubna: verschwunden. Sabine und Laetitia: lebend gefunden. Ich fühlte mich sehr unwohl.

Alle Familien sollten auf einer Bühne zusammenkommen, aber es war uns unmöglich geworden. Die Gendarmerie musste uns helfen. Ich konnte nicht mehr und habe nur mit einem Knoten im Hals drei Worte ins Mikrophon gesagt. Am nächsten Tag stand ein Riesenbild von mir in der Zeitung, das zeigte, wie ich weinte. Das hatte ich nicht gewollt. Ich war nicht gekommen, um mich zu »zeigen«, und vor allem nicht, um in der Öffentlichkeit zu »weinen«. Weinen ist eine private Angelegenheit. Mein Misstrauen gegenüber den Medien bahnte sich damals an. Ich wollte nicht mehr, dass sie mich fotografieren. Ich hatte nicht erwartet, das Opfer der Paparazzi und all dieser Leute zu werden. Zu sehen, wie ich vor dieser Menschenmenge weinte, war mir unerträglich gewesen. Ich bin aber schnell wieder auf die Beine gekommen und habe mich definitiv den Blicken der anderen entzogen.

Eine für mich notwendige Vorsichtsmaßnahme, die aber dann zu wirren Vermutungen Anlass gegeben hat. »Sie verlässt ihr Haus nicht mehr …« – »Sie ist sehr angeschlagen.« – »Sie erinnert sich an nichts mehr, er hat ihr wahrscheinlich dauernd Drogen gegeben.« – »Man hat sie an dem Ort Soundso gesehen, er hatte sie dem Netzwerk übergeben …« Zum Glück wusste ich damals nichts davon.

Nach diesem anstrengenden Marathon durch die Straßen von Brüssel wurden wir beim Premierminister erwartet, um an einer Gesprächsrunde teilzunehmen. Ich habe nicht aufgepasst, ich redete mit Laetitia. Der Minister sprach mit den Eltern, denn es war im Grunde ein Erwachsenentreffen. An diesem Tag hat mir die Mutter von Elisabeth Brichet ein Bild von ihrer Tochter überreicht und gesagt: »Du siehst ihr sehr ähnlich, sie war ebenfalls zwölf.«

Ich schämte mich, lebendig vor ihr zu stehen. Sie suchte seit 1989 nach ihrer Tochter, hatte auf Dutzende von Spuren gehofft und vertraut, die doch alle nirgendwohin führten, ohne trauern zu können, und war vom ständigen Hin und Her zwischen Angst und Hoffnung zermürbt. Vielleicht dachte sie, »unser« Monster sei ebenfalls für die Entführung ihrer Tochter verantwortlich und würde eines Tages endlich die Wahrheit sagen. Es war nicht der Fall, denn es war Fourniret, das andere Monster. Es gibt keine Steigerung des Grauens bei diesen Psychopathen. Fourniret tötete schnell, er quälte sie nicht zuerst monatelang.

Was »unser« Monster betraf, sagte es nie die Wahrheit! Der Dreckskerl war es nie, es waren immer die anderen! Julie und Melissa: »Ich habe sie nicht entführt, es war Lelièvre!« (Allem Anschein nach der mickrige Mann mit der Mütze, der in meinem Fall sein Komplize war.) »Meine Frau hat sie langsam verhungern lassen.« An und Eefje: »Ich habe sie nicht getötet, es war Weinstein! Ich habe sie nur betäubt!«

Der besagte Weinstein (er war mir unbekannt) war neben Julie und Melissa tot aufgefunden worden. An und Eefje lagen in Jumet auf dem Grundstück von Weinsteins Haus.

Dies ist nur eine der verschiedenen Versionen, die er hinterher während der langjährigen Ermittlungen serviert hat. Auch wenn seine Frau nach Jahren der widerlichen Mittäterschaft ihn endlich anzeigte, er gab ihr das Kompliment zurück, indem er sie »anflehte«, die Wahrheit zu sagen! Er behauptete auch noch, er habe sich für die Familie geopfert, um sie vor dem imaginären Netzwerk zu schützen.

Diese Frau war seine Komplizin gewesen, sie hatte nie auch nur mit der Wimper gezuckt, keine einzige Träne vergossen, bevor sie verhaftet wurde, obwohl sie »alles wusste«! Und sie hat auch noch Kinder! Ein weibliches Monster …

Am Tag des Weißen Marschs wusste ich das alles nicht, ich wollte einfach diejenigen unterstützen, die ein Kind verloren hatten, diejenigen, die gerade ein Kind beerdigt hatten, diejenigen, die nach wie vor nach ihren Kindern suchten, und nun war ich die lebendige Zeugin ihres Unglücks. Ich konnte diese neue, zusätzliche Schuld nicht auf mich nehmen, es belastete mich schon zuviel. Meine Kindheit war mir geraubt worden, ich war kein kleines, unschuldiges Mädchen mehr wie die anderen in der Schule, und dennoch wollte ich gleichzeitig mit all meinen Kräften anonym unter ihnen untertauchen.

Das Jugendalter, diese Jahre zwischen fünfzehn und neunzehn, waren die schwierigsten. Im Grunde ist es sowieso nicht das einfachste Alter. Seit meiner Kindheit hatte die Kommunikation in der Familie, vor allem mit meiner Mutter, keine Priorität. Ich fühlte mich immer ferngehalten. Ich dachte oft, dass meine Eltern sich meine Geburt nicht gewünscht hatten, ich sei ein »Unfall«. Vielleicht sagten sie das zum Spaß, aber ich nahm sie beim Wort. Meine Mutter hatte mir nur erzählt, ich sei zwischen halb vier und vier geboren. Man kannte nicht die genaue Uhrzeit, weil Mama betäubt war und Papa den Kaiserschnitt nicht miterlebt hatte. Diese Ungenauigkeit befriedigte mich nicht. Ich bin immer peinlich genau gewesen.

Im Versteck ließ ich meine Besessenheit am Wecker aus. Ich war verrückt nach den Stunden, den Minuten und den Sekunden.

Danach hat man mich in einen Brutkasten gelegt, weil ich eine Frühgeburt war. Es hieß, ich hätte viele Haare gehabt. Die Übertragung des Ereignisses endete hier.

Sie schien zu fragen: »Was soll ich dir denn sonst noch dazu sagen?« …

Zum Beispiel, dass sie mich liebte. Oder zumindest, dass ich mit soundsoviel Jahren mit dem Laufen und Sprechen angefangen hatte … Die Sorte von Details, die einem Kind das Gefühl zu existieren geben. Statt dessen konnte ich mir nur merken, dass ich am Anfang im Bauch meiner Mutter nicht allein war. Es hätte Platz für ein zweites gegeben, das sich aber nicht entwickelt habe.

Ich habe meine Mutter nichts dazu gefragt. Man stellt keine Fragen über die Leere. Zu der Zeit habe ich wahrscheinlich gespürt, dass ich lieber nicht fragen sollte. Es war zu seltsam.

Dies ist nur ein Beispiel für die Distanz, die seit meiner frühesten Kindheit zwischen meiner Mutter und mir herrschte. Und vielleicht rede ich deswegen soviel und habe viele Freunde, weil ich diesen Mangel an Kommunikation schlecht überwunden habe. Ich hoffe, falls ich später Kinder haben sollte, dass ich nicht denselben Fehler machen werde. Ich möchte ihnen auch nicht das Leben vorkauen, aber ich würde versuchen, ihre Fragen zu beantworten.

Ich wollte einfach geliebt werden, ohne dass man über mich richtet. Für meine Mutter existieren. Vielleicht nicht so, wie sie ihre Lieblingstochter liebte, ich hätte eine solche Beeinflussung nicht ertragen können, aber ich hätte gern gelegentlich diese Liebe gespürt … Musste ich verschwinden, damit man sich um mich kümmert? Plötzlich war ich in solchem Maße Gegenstand aller Aufmerksamkeit, dass ich erstickte.

Ich war nach wie vor nicht die Lieblingstochter, der man abends vor dem Fernseher übers Haar streichelt, die in der Schule in allen Fächern gut ist. Ich war weiterhin schlecht in Mathe. Meine Fähigkeit, mir Zahlen, Telefonnummern und Autokennzeichen zu merken, half mir gar nicht im Matheunterricht.

Ich hasste es, wie meine Mutter, was dies und zahlreiche andere Sachen anbelangte, mich ständig schlechtmachte. Meine älteren Schwestern ihrerseits machten alles richtig. Ich war das kleine hässliche Entlein, das sich wie ein Junge benahm. Die mütterliche Zärtlichkeit war nicht gerecht verteilt, ich hatte immer nur eine bedingte Aufmerksamkeit ihrerseits bekommen, und im Grunde hatte sich nichts geändert. Zu Beginn beschützte man mich zu sehr, aber dann wurde alles wie früher.

»Dein Notenheft! Wieder eine Sechs! Du musst

den Boden kehren! Dieser Hund verliert zu viele Haare!«

Manchmal sah ich mich in diesem schmutzigen Rattenloch wieder, wie ich über meine Sechser und alles, wofür ich mich schuldig fühlte, nachdachte. Damals schrieb ich: »Ich verspreche, dass … ich netter, gehorsamer sein werde …«

Meine Mutter brauchte aber nur zu sagen, ich solle erneut den Boden kehren – es sei ein Befehl, ich müsse es sofort erledigen –, dann sah ich sein dreckiges Haus wieder, das ich für diesen ekelhaften Kerl auf allen vieren mit einem ekligen Lappen und Geschirrspülmittel putzen musste. Unter Bedingungen, die sich keiner vorzustellen vermag, war ich gezwungen worden, Aschenputtel zu spielen. Ich ertrug solche Befehle oder Zwänge nicht. Ich ertrug kurzum keine Autorität mehr.

Die Hausarbeit hatte mich ohnehin nie begeistert. Ich war zu klein und der Ansicht, dass meine älteren Schwestern die meiste davon hätten übernehmen müssen. Meine Mutter hörte mir aber nicht zu. Ich fühlte mich definitiv von den zwei anderen abgegrenzt.

Als Kind spielte ich mit kleinen Autos, fuhr Rollerblades, Skateboard und spielte Fußball. Ich schlief mit meinen Freundinnen im Zelt. Ich blieb bei meinem Vater, pflegte meinen kleinen Garten. Ich liebe Radieschen … Ich hatte meine Zufluchtsorte: in meinem Baumhaus oder bei meinen Freundinnen. Der Gedanke, dass meine Mutter mir nicht zuhörte, verflog schnell damals. Ich hatte Spaß, und wenn ich nach Hause kam, zog ich eine Schnute, wie die Kinder das so gut machen können. Und dann vergaß ich.

Aber als ich bei diesem Psychopathen gefangensaß, habe ich über alles nachgedacht. Ich schaute mir mein Zeugnis an, zählte die Tage auf meinem Schulkalender und hörte, wie meine Mutter fragte: »Was ist das für ein Sechser in Mathe?« Und die Kritiken und die Vorwürfe. Dennoch schrieb ich ihr, und sie war diejenige, die ich vor all den anderen sehen wollte. Hätte mir »der andere« gesagt, ich dürfte nur eine Person aus meiner Familie sehen, so hätte ich entweder meine Mutter oder meine Oma genannt. Im Jugendalter bin ich letztendlich zu dem Schluss gekommen, dass es besser war, wenn sie sich nicht um mich kümmerte. Der Mangel an Kommunikation kann in einer Familie viel Schaden anrichten. Und wenn etwas Schlimmeres passiert, dann vertieft sich der Graben noch mehr.

Während der zwei Jahre nach meiner Befreiung habe ich mich in der Familie ganz gut gehalten. Die Konflikte drehten sich hauptsächlich darum, dass ich mich nach wie vor weigerte, zum Psychiater zu gehen, so dass jeder Streit über alles und nichts unablässig so endete: »Wir hatten dir doch gesagt, du sollst zum Psychiater gehen!«

Einsam zu überleben ist doch nicht so einfach. Wenn ich gedacht hätte, dass ich mich am 15. August meiner Mutter hätte anvertrauen können, hätte ich es getan. Letztendlich hätte man meine Oma zu mir bringen sollen. Vor diesen achtzig Tagen im Gefängnis war mir dieser Riesenmangel an Zuwendung nicht wirklich bewusst. Ich musste eingesperrt werden, um es wahrzunehmen. Wegen dieses Gefühls von »es ist zu spät«. Ich musste durch diese Hölle gehen, damit mir das klar wurde. In den ersten Wochen ging es gut, aber das perfekte Glück ist nicht von Dauer, obwohl ich teuer dafür bezahlt hatte.

Ich sagte mir: »Vorher sprach niemand in dieser Familie mit mir, und jetzt, da ich den Tod von Angesicht zu Angesicht gesehen habe, soll ich mit allen reden.« Vermutlich wollte ich mich unbewusst rächen, und deswegen weigerte ich mich, mich jemandem anzuvertrauen, meine Mutter die Briefe, die von meinem Leid erzählten, lesen zu lassen. Als würde ich ihr sagen: »Du wolltest dich nie mit mir unterhalten, jetzt bin ich dran.«

Aber das Wichtigste an dieser Verweigerung ist, dass ich, als ich die Briefe schrieb, verzweifelt, eingesperrt und einsam war, und ich dachte, ich würde sie nie wiedersehen.

Nun war ich der Ansicht, dass die Briefe sie zu sehr verletzen würden. Sowohl sie als auch mich übrigens. Meine Mutter war gerade schwerkrank gewesen, sie hatte eine belastende Krebstherapie hinter sich, und ich fand es unangebracht, ihr mein eigenes Unglück unter die Nase zu reiben. Es war mir schon peinlich genug.

Sie hätte verstehen müssen, dass ich sie verschonte, indem ich mich selbst verschonte. Statt dessen kam es mir vor, als versuchte sie, sich meinen Schmerz anzueignen, als hätte sie alles selbst erlebt. Ich verstand ihr Verhalten nicht, weil sie mir meinen Schmerz nicht nehmen konnte. Niemand kann es. Man kann aus Mitgefühl so tun, als ob man ihn verstünde, aber man hat ihn nicht am eigenen Leib erfahren. Meine Familie hat zwar gelitten, aber nur äußerlich. Während des Prozesses hatte ich jedes Mal, wenn ich das Publikum anschaute, dasselbe Gefühl, dass die Leute an den Verhandlungen wie an einer Theatervorführung teilnahmen. Manche saßen im Raum und andere auf der Bühne. Die Leute auf der Bühne erleben nicht dasselbe wie die im Raum.

Viele Frauen haben mir – für meinen Geschmack allerdings zu oft – gesagt: »Ich verstehe dich.« Nun aber haben sie wirklich nicht erlebt, was ich erlebt habe. Man kann nicht verstehen, was man nicht selbst erfahren hat.

Würde man alle vergewaltigten Frauen fragen, so würden sie, glaube ich, alle derselben Meinung sein. Ich weiß, dass meine Mutter gelitten, schlaflose Nächte verbracht und auf mich gewartet hat und dass ihre Gesundheit nicht die beste war, aber sie war nicht an meiner Stelle, und zwischen uns war schon vor langer Zeit etwas zerbrochen. Ebenso war es, als meine Eltern sich getrennt haben, denn ihre Ehe war seit langem schon kaputt gewesen. Und es ist nicht so, wie manche Fachpsychiater behaupten, dass es »wegen der Dinge«, die mit mir geschehen sind, so gekommen ist. Meine Eltern können sich nicht hinter mir verstecken, um ihre Scheidung zu erklären, und die Fachleute nicht hinter ihren Theorien, um mein Verhalten zu erläutern.

Alle bestanden inständig darauf, dass ich mich meines Leidens beim Psychiater entledige. Und ich wiederholte abermals, es würde nichts nützen.

»Man hat alles in sich, und es bleibt!«

Darüber zu reden hätte für mich bedeutet, dass ich »mein Leiden einem anderen angedreht hätte«.

Es gab und gibt einen weiteren Grund für meine Abwesenheit in dem Fall, der Belgien beschäftigte: der Blick der anderen.

Als ich jünger war, sagte ich: »Die schauen mich komisch an.« Und ich mochte das nicht. Es war so, dass ich trotz all meiner Bemühungen nicht unbeachtet bleiben konnte. In meinem Land wussten es alle. Der »komische« Blick ist der lästigste. Entweder ist er mitleidvoll, was ich gar nicht will. Oder er kann nicht anders, als es sich »vorzustellen«. Es ist unerträglich. Ich verabscheute solche Ausdrücke wie »oh, du Ärmste« oder »ich weiß, wie es ist …«. Schlimmer noch: »Komm her, dass ich dich umarme …«

Eine erwachsene Frau oder ein erwachsener Mann hat schon so genug Schwierigkeiten, um den Blicken derjenigen, »die wissen«, auszuweichen. Ein Kind meines Alters, das wie ein Sandkorn im Getriebe dieser grauenvollen Affäre verloren war, die nationale, politische und mediale Ausmaße annahm, hatte kaum Chancen, sowohl im Haus als auch draußen den Blikken zu entkommen. So habe ich mich von der Außenwelt abgeschottet. Es gehörte zu meinem Charakter und war die einzige Möglichkeit, um aufrecht zu stehen.

Die einzige Person, mit der ich mich wohl fühlte, war meine Oma. Oma war mein Star. Auch wenn ich ihr nicht genug Liebesbeweise gab und nicht mehr so oft zu ihr ging, denn ich bin kein extrovertierter Mensch. Auch wenn ich ihr nicht täglich dreimal um den Hals sprang, war sie eher meine Mutter. Als ich in der Grundschule war und meine Mutter morgens arbeitete, ging ich zu meiner Oma, um zu frühstücken. Sie fuhr mich zur Schule, ich kam mittags wieder zu ihr zurück. Meine Mutter holte mich um 16 Uhr bei ihr oder in der Schule ab. Und wenn meine Mutter nachmittags arbeitete, war es umgekehrt, und um 16 Uhr machte ich meine Hausaufgaben bei meiner Oma. Als ich noch jünger war, schlief ich sogar bei ihr ein, wenn meine Mutter erst spät zurückkam. In der Grundschule war es für meine Oma noch einfach, mir bei den Hausaufgaben zu helfen. Jedes Mal setzte sie sich neben mich, schaute, was ich zu tun hatte, ohne sofort zu sagen: »Also zuerst tust du das und dann das! Und anschließend wirst du das tun!«

Sie sagte ganz nett: »Fang schon mal an, und falls du Hilfe brauchst, sag es.«

Ich aß mein Brot, holte meine Schultasche und fing gelassen an. Und wenn ich ein Problem hatte, rief ich meine Oma. Jedes Mal, wenn sie mir helfen konnte, tat sie es gern. Meine Eltern haben das fast nie so gemacht, im Gegenteil: »Na, in welchem Jahr hast du vor, mit diesen Hausaufgaben fertig zu werden? Es ist schon halb sechs!«

Meine Oma ist mit fünfundachtzig Jahren gestorben, als ich fünfzehn war. Zu diesem Zeitpunkt nahm ich es mir übel, dass ich nicht bei ihr eingezogen oder zumindest öfter bei ihr gewesen war, anstatt mit den Freunden meines Alters um die Häuser zu ziehen. Aber es war nicht einfach. Meine Familie ging regelmäßig zu ihr, man redete über mich, und ich hatte keine Lust, das zu hören. Ebenso habe ich entschieden, nicht jedes Jahr zu Allerheiligen ihr Grab zu besuchen. Man kann woanders weinen als vor einem Grab. Diese Oma empfand Liebe für mich und richtete nicht über mich. Wenn sie auf mich hätte warten können, hätte ich mit ihr gesprochen. Sie konnte gut zuhören. Vielleicht hätte es mein Herz erleichtert, und eines Tages hätte ich ihr danke gesagt. Aber ich war erst fünfzehn, und ich habe sie »verpasst«. Ich hatte es so nötig, mit Freunden und Freundinnen meines Alters zusammen zu sein. Mit ihnen lachte, tanzte und diskutierte ich stundenlang. Ich lebte.

Mit sechzehn bin ich in meinem Freundeskreis einem Jungen begegnet, der etwas älter als ich war. Ich erzählte nichts von der Geschichte, und niemand erwähnte sie. Fast vier Jahre lang hatte ich wirklich meine Ruhe. Natürlich musste ich gegen meine Eltern rebellieren, weil sie nicht wollten, dass ich ausgehe, vor allem meine Mutter. Aber ich führte in der Tat ein normales Leben, und es kam gar nicht in Frage, darauf zu verzichten.

Man berichtete nicht mehr über den Fall im Fernsehen. Ich musste mich sogar nicht mehr meiner eigenen kleinen Therapie unterziehen: Ich lebte einfach mein jugendliches Leben. Auch wenn ich mich innerlich älter und anders als die gleichaltrigen Mädchen fühlte, dachte ich zumindest nicht mehr an »den anderen«, und wenn ich per Zufall einen Artikel in der Presse las, achtete ich nicht mehr auf die Details.

Aber dann verschlechterten sich die Familienbeziehungen immer mehr. Mein Freund, der in allen Ehren nur ein Freund war, gefiel meiner Familie nicht. Weiterhin war ich ein Nichtsnutz und hatte immer noch Sechser in meinem Zeugnis. Und ich trieb mich mit einem Nichtsnutz herum.

Es musste kommen, dass ich mich eines Tages wie die anderen Mädchen verliebte. Ich brauchte und befürchtete es gleichzeitig. Deswegen musste man mich aber in der Familie nicht verurteilen. Mit siebzehn ist die Liebe wichtig. In dem Alter habe ich den großen Schritt gemacht. Bis dahin redete man, eigentlich redete man nur noch, und man stritt sich auch wie Kinder. Er war ebenso stur wie ich, aber meistens gab ich nach.

Ich hatte ihm noch nicht gesagt, dass ich ihn mochte, auch wenn es mir ins Gesicht geschrieben stand. Wie alle kannte er meine Geschichte, aber wir sprachen nicht oft darüber. Es war das erste Mal für uns, für mich wegen der Liebe, für ihn wegen der Erfahrung. Ich hatte den Mut, als erste meine Befürchtungen zu äußern: »Du musst es ja wohl ahnen, dass es für mich ein schwieriger Moment in meinem Leben ist, es wird nicht einfach sein.«

Seiner Meinung nach kannte er sich mit solchen Dingen gar nicht aus …, und ich lachte: »Perfekt, wir werden uns gemeinsam zum Idioten machen.«

Und es hat geklappt. Ich hatte es geschafft, die Blockade zu überwinden, die mein Leben als junge Frau langfristig hätte vergiften können. Es gab nur die Liebe, um mir diese Befreiung zu schenken. Es war keine Beziehung, die ewig andauern sollte. Ich habe leider zu Unrecht daran geglaubt und meinen ersten Liebeskummer erlebt. Ein großer Liebeskummer. Es gehörte sich einfach so.

Zweifellos war es Liebe vom Anfang bis zum Ende, und ich war bereitwillig! Der Psychopath hat die Liebe nie gekannt. Er weiß nicht mal, dass sie existiert.

*

Am Ende meiner Schulzeit habe ich meine Prüfung bestanden, ich wollte allerdings nicht weitermachen. Die mütterlichen Finanzen konnten es sich ohnehin nicht leisten. Wie viele Mädchen meines Alters habe ich meine berufliche Laufbahn begonnen. Von Praktika zu schlechtbezahlten Minijobs habe ich mir meinen Weg gebahnt, bis ich wenigstens einen regelmäßigen Mindestlohn erreichte. Da die Stimmung zu Hause immer schlimmer wurde, bis die Vorwürfe nicht mehr zu ertragen waren, habe ich eines Tages entschieden, die Tür hinter mir zuzuknallen. Ich habe im lauten und endgültigen Sinn des Wortes die Tür hinter mir zugeknallt und meine Teddybären und meine Illusionen dort gelassen, aber meinen »schlechten Charakter« habe ich mitgenommen, um eine neue Existenz zu gründen. Wenn ich diesen »schlechten Charakter« nicht gehabt hätte, weiß ich nicht, wie ich überlebt hätte. Wahrscheinlich sehr schlecht.

Es tut eigentlich gut, die Tür zu seiner Kindheit zuzuknallen. Es fällt einem schwer zu vergessen, was dahintersteht, aber zumindest ist man nicht mehr dort eingesperrt.

Jedes Mal, wenn ich Pech habe, bemühe ich mich zu denken, dass »das« nicht schlimmer sein kann als »das«, was ich im Alter, in dem ich Grammatik und lateinische Verben hätte lernen sollen, erlebt habe. Indem ich es geschafft habe, aus diesem Rattenloch zu entkommen, ist es mir ebenfalls gelungen, eine gute Meinung von mir zu haben. Ich dachte mir: »Du warst widerstandsfähig, mutig, du hast dir immer wieder gesagt: ›Halte durch! Es lohnt sich, solange du am Leben bleibst, und du bist am Leben geblieben.‹«

Jeder Tag brachte die Hoffnung mit sich, dass ich am nächsten Tag noch dasein würde. Durch diese Probe bin ich wahrscheinlich härter geworden. Manche werden denken, das sei schlecht, ich meinerseits bevorzuge, es als Vorteil zu betrachten und das Leben zu verspotten. Ich habe eine gewisse Form des schwarzen Humors entwickelt, die viele Personen geschmacklos finden, es mir aber ermöglicht, über manche Grausamkeiten zu lachen, sogar über »den perversesten Psychopathen Belgiens«: Ich wollte nicht mehr schwach werden, und ich habe meine Wette mit mir selbst acht Jahre lang eingehalten. Ich bin der Ansicht, dass man sich überwinden muss, um seinem Leben einen Sinn zu verleihen und um vor allem den richtigen Moment dazu nicht zu verpassen. Wenn ich mit zwölf, als ich aus seinen Krallen entkam, zusammengebrochen wäre, hätte ich diesen entscheidenden Moment verpasst. Mit zwanzig Jahren wartete ich auf einen weiteren entscheidenden Moment: den Prozess.

Ich wollte tun, was man mir mit zwölf verweigert hatte: ihm von Angesicht zu Angesicht gegenüberstehen, ihm in die Augen sehen.

9

»D der Verhasste«

Mein Rechtsanwalt Jean-Philippe Rivière hatte mich zweimal getroffen, als ich zwölf war. Ich konnte mich dennoch nicht daran erinnern.

Ich wusste auch nicht, und das aus gutem Grund, dass er davor freiwillig an der großflächigen Suche teilgenommen hatte, obwohl er sich noch nicht meines Falles angenommen hatte. Er hatte den Gendarmen angeboten, auf seinem Motorrad zwischen den Autobahnkreuzen nahe des Hauses Streife zu fahren, um die Sanitäranlagen, in denen sich Drogensüchtige und andere Außenseiter oft aufhielten, zu überprüfen.

Als ich volljährig wurde, hat er mich in seine Kanzlei eingeladen, um sein Mandat zu bestätigen. Ich musste jetzt selbst entscheiden, ob ich derselben Richtlinie folgen wollte, die meine Eltern ihm verordnet hatten: keine Presse und die höchste Diskretion, was mein Privatleben anbelangte. Für mich war das weiterhin selbstverständlich. Ich war kein Kind mehr. Von nun an würde er sich direkt an mich wenden und mich auf dem laufenden halten, was bis jetzt nicht der Fall gewesen war. Damals verkniff ich mir meinen Ärger, wenn meine Eltern von einem Besuch bei ihm zurückkamen, ohne mir ein Wort zu sagen. Meines Erachtens war ich die Erstbetroffene.

Mir war nur wenig über den Verlauf der Ermittlungen bekannt. Es gab eine neue Theorie, laut der dieser Dutroux, »d der Verhasste«, zu einem großen Netzwerk von Kinder- und Mädchenprostitution gehört habe und nur ein Mittelsmann gewesen sei. Von nun gab es zwei Gruppen.

Manche glaubten ernsthaft, dass die Ermittlungen katastrophal und sabotiert worden seien, und »d der Verhasste« jahrelang den Schutz von hohen Tieren genossen habe. In der Tat hatte er – abgesehen von Lelièvre, dem mickrigen Mann mit der Mütze, und seiner eigenen Frau Michèle Martin – zwei weitere Komplizen mit hineingezogen: Weinstein und Nihoul. Weinstein, ein ehemaliger Dieb, der in Frankreich aus dem Gefängnis kam, wohnte seit 1992 in einem Chalet bei Jumet in Belgien. Das ist der Ort, an dem An und Eefje ohnmächtig, aber lebendig begraben worden waren.

Um die Beziehungen der zwei Männer knapp und bündig zu veranschaulichen, kann man einfach sagen, dass sie zusammen Autos geklaut haben. »d der Verhasste« machte Weinstein für alles verantwortlich. Dieser habe die zwei Mädchen entführt, wollte sie dann erledigen, und er selbst habe sie lediglich »betäubt«, bevor Weinstein sie lebendig begrub. Dieser Weinstein war nun tot. Seine Leiche wurde in Sars-la-Buissonière im Garten von Dutroux neben den Leichen von Julie und Melissa entdeckt. Wer hatte Weinstein kaltgemacht? Dutroux schwor, dass er es nicht wisse …

Der andere angeklagte Komplize, der genannte Nihoul, immer noch am Leben, stahl die Autos mit ihnen, aber Dutroux behauptete, dass er Nihoul die jeweilige Beute übergeben musste, nachdem er sich an ihr erfreut hatte. Er erklärte ebenfalls, dass er das Versteck, in dem er die Mädchen versteckte, gebaut hatte, damit es als Zwischenlager vor der Übergabe der zukünftigen Prostituierten an Nihoul diente. Nihoul war, so die Ermittler, zweifellos ein Schieber, aber er selbst schwor, er habe mit den pädophilen Aktivitäten seines Kumpanen nichts zu tun.

Für die Ermittler der ersten Stunde, unter anderem Michel Demoulin und Lucien Masson, meine wahren Retter, hatte das Ganze weder Hand noch Fuß.

Ich meinerseits – als überlebende Zeugin – konnte nur über das berichten, was ich während der achtzig Tage und Nächte erlebt hatte. Ich hatte einzig und allein Dutroux gesehen. Was Lelièvre anbelangt, hatte er sich an meiner Entführung beteiligt, und ich hörte, wie er murmelnd ohne viel Überzeugung und Details das vorgegaukelte Szenario des Perversen bestätigte:

Mein Vater habe einem großen Chef unrecht getan und sich geweigert, das Lösegeld zu zahlen. Mehr nicht. Nihoul war mir unbekannt.

Diese Geschichte mit dem Chef diente nur dazu, mir Angst einzujagen, damit ich begriff, dass er, Dutroux, mein Retter war, und damit er mich mit der Angst völlig unter seiner Fuchtel halten konnte. Ich würde sterben, wenn ich es nicht zuließ, dass er mich vergewaltigte. Ich würde sterben, wenn ich Lärm machte. Ich lebte auf Bewährung. Natürlich hatte niemand von niemandem ein Lösegeld verlangt. Er hatte dieselbe Geschichte bei Laetitia verwendet, und es ist sehr wahrscheinlich, dass sie auch bei den Kleinen, Julie und Melissa, eine Rolle gespielt hatte. Bei den älteren An und Eefje konnte es nicht geklappt haben. Einerseits sprach er nicht Holländisch, und andererseits hatte Eefje zweimal versucht, leider ohne Erfolg, aus dem Dachfenster des Hauses in Marcinelle, unter dem ich mich »sonnen« musste, zu fliehen. Es war ein Beweis dafür, dass sie nicht unter seinem Einfluss stand. Dutroux hat selbst erzählt, dass zu der Zeit »vier im Haus waren, die zwei Kleinen im Versteck, die zwei Großen oben«, und er »nicht mehr aus dem Haus ging«.

Hielt sich dieser Dreckskerl für einen sehr beschäftigten Familienvater?

Was seine größte Komplizin angeht, seine Ehefrau, die gleichzeitig mit ihm verhaftet wurde, bestand für die Ermittler kein Zweifel. Sie hatte gestanden, wusste alles über die Entführungen, die Vergewaltigungen und den ganzen Rest. Und sie hatte ihn nicht früher angezeigt, weil sie eine unterwürfige Frau war und vor ihm Angst hatte. Sie beschuldigte ihre »große Liebe« all dessen, was er leugnete. Laut ihrer Aussage war er mit Lelièvre für die Entführungen verantwortlich und hatte sowohl Weinstein als auch die zwei Mädchen erledigt. Sie gab zu, dass sie Angst hatte, in das Verlies hinunterzugehen, um den Mädchen etwas zu essen zu geben, während Dutroux wegen Autodiebstahls im Gefängnis saß, aber sie wusste nicht, wie und wann sie gestorben waren!

Ich habe all diese Einzelheiten nur allmählich erfahren, wobei »d der Verhasste« zwischendurch seine Meinung geändert hatte.

Alles war so kompliziert und verworren, dass es offenkundig war, dass Dutroux unter dem Deckmantel eines imaginären Netzwerks seine Haut zu retten versuchte. Auch nicht zu vergessen, dass er dieselben Behauptungen vorgebracht hatte, als er in den Achtzigern wegen mehrfacher Vergewaltigung und Freiheitsberaubung im Gefängnis saß: »zu Unrecht verurteilt«, »Opfer eines Justizirrtums«, »Opfer der Machenschaften von Personen, die zu gefährlich waren, um denunziert werden zu können usw ...«. Denn dieser verhasste Mensch hatte schon mal eine Strafe verbüßen müssen. Er wurde 1989 wegen Kindesmissbrauch und der Vergewaltigung von Mädchen zu dreizehn Jahren Gefängnis verurteilt, hatte es aber geschafft, im April 1992 wegen »guter Führung« entlassen zu werden. Er musste lediglich mit seiner Frau (damals schon Komplizin) von einem Psychiater betreut werden. Schnelle Visiten, eine Runde Rohypnol* für alle, das er lagerte, anstatt es zu schlucken, um es für andere Zwecke zu verwenden. Weiteres Detail, das seine Wichtigkeit hat: »d der Verhasste« hatte die Bekanntschaft eines wegen Diebstahl verurteilten Häftlings gemacht, der ihm erklärt hatte, wie man ein »Versteck« baut, das bei Hausdurchsuchungen nicht entdeckt werden könnte. Dieser Mann hatte es bezeugt.

*

Für andere Beobachter war alles, was der Pädophile erzählte, ein Beweis dafür, dass es ein großflächiges Netzwerk gab, in dem er nur ein unwichtiger Gehilfe war.

2003 näherte sich der Termin des Prozesses. Ich wünschte nur, mich aus allem herauszuhalten, was in dem Fall nicht direkt mit mir in Verbindung stand,

*Rohypnol ist ein Beruhigungsmittel (Benzodiazepin), das einen schlafördernden Effekt hat und bei Patienten mit Wahnvorstellungen verwendet wird.

aus den sogenannten verschiedenen »Teilen« der Ermittlungen. Ich wollte über das berichten, was ich erlebt und erlitten hatte. Er durfte nicht heil davonkommen.

Immer mehr Druck wurde wegen der Aussage, die ich machen wollte, von den Anhängern der Netzwerktheorie und einigen Medien auf mich ausgeübt. Man behauptete, ich sei ständig betäubt gewesen, ich könne mich wahrscheinlich an nichts erinnern. Dass ich dort bewusstlos vegetiert hätte und es vermutlich immer noch war …

»Bist du dir sicher? Hast du nur ihn gesehen?«

Womit gemeint war: »Du glaubst an das einzelne Raubtier, du hast nichts verstanden.«

Der Rechtsanwalt Rivière hat mir von einem Satz des Staatsanwalts über mich berichtet: »… Angenommen, sie kann sich an alles erinnern, Rohypnol taucht in dieser Akte überall auf.«

Da dieser Satz ausgerechnet vom zukünftigen Staatsanwalt kam, war er für mich besonders beunruhigend und beleidigend. Am Anfang hatte ihn meine Aussage interessiert, aber da ich darauf bestand, dass ich während der achtzig Tage in meinem Rattenloch abgesehen von Dutroux und seinem Komplizen niemanden gesehen hatte, war ich viel weniger relevant.

Mein Anwalt Rivière hat mich vor der Presse immer verteidigt und beteuert, ich wäre einzig in den ersten drei Tagen betäubt gewesen. Er allein beantwortete die Fragen der Journalisten, denn ich hatte nie ein Interview bewilligt. Ich hatte nur mit den Ermittlern gesprochen. Abgesehen von den anfänglichen Befragungen bestand meine einzige Beteiligung an der Ermittlungsakte darin, auf einem Fahrrad mit meinem Gendarmen »Zorro« alias Michel Demoulin den Weg zwischen Schule und Haus zurückgelegt zu haben. Es war eine für die Ermittlung wichtige Rekonstruktion, die glücklicherweise ohne den Angeklagten stattfand. Ich kann mich erinnern, dass wir miteinander viel gelacht hatten, als wir einen Lieferwagen mit der Aufschrift »Beim Hühnerkönig« gesehen hatten ... Ich habe das Bild aufbewahrt, das von der regionalen Zeitung gemacht wurde. Darunter steht, dass alles sehr entspannt vor sich geht und ich gut Fahrrad fahren kann. Seit ich aber zwölf Jahre alt war, hatte mich kein Journalist mehr gesehen!

Diesmal hat mir mein Anwalt gesagt: »Sie haben keine andere Wahl, als die Presse zu treffen! Sie müssen ihnen erklären, dass Sie nicht achtzig Tage betäubt wurden und Ihr Gedächtnis im besten Zustand ist!«

In seiner Kanzlei hat er also eine Pressekonferenz mit zehn Zeitungsjournalisten organisiert. Wegen dieses ersten Zusammentreffens war ich etwas nervös, auch wenn nicht gefilmt wurde. Ich musste mich zum ersten Mal in meinem Leben mit Journalisten auseinandersetzen. Die Sitzung war zwanglos und informell, und ich habe mich schnell entspannt. Gemeinsam haben wir Sandwichs gegessen und ein Glas getrunken. Sie haben gesehen, dass ich scherzen und lachen konnte, und ich habe sogar meinen Anwalt gefragt: »Wo sind meine Rohypnol-Sandwichs? Fasst sie nicht an, es sind meine!«

Kurz und gut, sie konnten feststellen, dass ich normal war und genaue Antworten gab. Ich war nicht halb verrückt, wie manche es darstellen, und wenn ich den geringsten Zweifel gehabt hätte, dass noch jemand in diesem verdammten Haus in Marcinelle gewesen wäre, hätte ich es auf der Stelle bemerkt und notiert, da ich alles aufschrieb, was ich bemerkte. Und ich hätte es sofort mitgeteilt!

Um es mit den Worten meines Anwalts zu sagen: »Wenn man nichts weiß, erfindet man was.« Unter dem Vorwand, dass ich mit den Journalisten nicht sprach, wie viele andere es zu der Zeit taten, und dass mein Rechtsanwalt das Ermittlungsgeheimnis respektierte, wollte man weiterhin daran festhalten, ich sei entweder betäubt oder manipuliert worden. Diese vorzeitige Unterschlagung meiner Aussage verletzte mich sehr. Die Ermittler Michel Demoulin und Lucien Masson, zwei Männer, für die ich große Hochachtung empfinde, weil sie uns gerettet haben und sehr gewissenhaft sind, haben mir immer geglaubt.

Sie hatten mich in Empfang genommen, als ich herausgekommen war, und wussten, in welchem Zustand ich damals war. Ich war zwar schockiert, man wäre es aus geringerer Ursache, aber bei so klarem Verstand, dass ich diesem Kinderschänder an die Gurgel gesprungen wäre! Laetitia war sechs Tage gefangen, davon drei »weggetreten«, wie ich es erklärt hatte. Da ich zweieinhalb Monate in dem Rattenloch war, ist es logisch, dass ich mich an mehr erinnerte. Aber seit dem »Erdbeben« – wie die Presse sagte –, das in Belgien von dem Fall ausgelöst worden war, schien jeder Bürger seine Meinung dazu zu haben. Die Leute sprachen nur noch darüber, auf der Straße, in den Cafés, dem Zug und der U-Bahn. Schriftsteller und Journalisten hatten bereits mehr als fünfzehn Bücher darüber geschrieben. Meine Eltern hatten tonnenweise Presseartikel aufbewahrt. Ich auch, aber ich hatte nicht den Mut gehabt, sie zu sortieren oder zu lesen. Meine eigene Geschichte und die Erinnerungen, die gelegentlich und gewaltig in meinem Kopf wiederauftauchten, genügten mir. Ich wollte der Richtlinie treu bleiben, die meine persönliche Rekonstruktion garantierte. Mein Leben leben und, soweit es möglich war, mich sowenig wie möglich um den Rest zu kümmern.

Als der Beginn des Prozesses definitiv auf den 1. März 2004 festgelegt wurde, wusste ich, dass ich in diesen stinkenden Tümpel wieder eintauchen musste. Der Prozess war schon mehrmals verschoben worden: Die Untersuchung ergab plötzlich neue Entwicklungen, Fährten wurden aufgegeben und wiederaufgenommen. Vierhundert Seiten Protokoll, Ermittlungsausschüsse, die Entlassung des Richters Connerotte, die Entlassung mancher Ermittler, unter anderem von Michel Demoulin, der dem »Monster von Charleroi« die ersten Geständnisse entlockt hatte und uns lebend aufgefunden hatte. Die Rücktritte mancher Politiker, eine Infragestellung des Justizapparats, der Gendarmerie, der Regierung. Der damalige Justizminister wurde beschuldigt, 1992 die vorzeitige Entlassung des Monsters gebilligt zu haben. Der Andrang während des Weißen Marschs, eine Ermittlung über die Ermittlungen, der jahrelange Zweifel.

Vor allem hoffte Belgien, die Wahrheit zu erfahren. Eine etwas verrückte Hoffnung, wenn man es mit einem Psychopathen zu tun hat. Angesichts des Berges, zu dem der Fall angewachsen war, fühlte ich mich winzig und vergessen.

Ich weiß nicht, was Laetitia empfunden hat. Es kam mir so vor, und es war irgendwie legitim, dass man, wenn man mit den Eltern der Opfer sprach, nur über diese redete. Ich fühlte mich fehl am Platz, weil ich überlebt hatte.

Der Prozess fand in Arlon statt. Es war eine Frage der territorialen Kompetenz. Die strafrechtliche Untersuchung war in Neufchâteau gewesen, das im selben Bezirk lag. Der Raum, in dem das Schwurgericht tagte, konnte nur wenige Personen aufnehmen, abgesehen von den Journalisten und den vier Angeklagten: »d der Verhasste«, seine Frau Michèle, Lelièvre und Nihoul.

Die Justizministerin hatte horrende Kosten für die Organisation dieser gigantischen Medienveranstaltung gemeldet, etwa viereinhalb Millionen Euro. Die Stadt erwartete die Ankunft Tausender Journalisten aus aller Welt. Mehr als tausenddreihundert waren für die sechzehn Sitze, die sie abwechselnd benutzen konnten, akkreditiert worden. Zu ihrer Verfügung stand aber auch ein Videoraum, in dem sie permanent die Verhandlungen verfolgen konnten, die ursprünglich zwei Monate dauern sollten, schließlich aber erst am 22. Juni endeten. Die Kläger wurden kostenlos in einer Kaserne einquartiert.

Mein Anwalt bevorzugte es, dass wir mit seiner Assistentin, der Anwältin Céline Parisse, an einem isolierten Ort untergebracht wurden. Eine Maßnahme, die mir um so besser passte, als ich mich vor den Fotografen nicht übermäßig zur Schau stellen wollte. Mehr als dreihundert Polizisten sorgten für die Sicherheit.

Dieser Riesenaufwand war beeindruckend in einer so kleinen Stadt. Obwohl viele sich im voraus darüber beschwerten, dass sie keinen Zugang zum Gerichtssaal haben würden, war ich froh, dass das zugelassene Publikum begrenzt war.

Mein Rechtsanwalt stellte sich meine Aussage in zwei Teilen vor. Die Verlesung meiner Briefe durch einen Ermittler, damit ich nicht auf genaue Fragen zu den Misshandlungen, die ich dort beschrieben hatte, zu antworten hätte. Dann sollte ich direkt vor dem Gericht über die Umstände meiner Entführung und meines »Ferienaufenthalts« in der Hölle von »d dem Verhassten« aussagen. Wir mussten noch eine wichtige Entscheidung treffen: Sollte meine Aussage unter Ausschluss der Öffentlichkeit stattfinden? Ich plädierte für den Ausschluss, aber mein Anwalt warnte mich: »Von dem Moment an, an dem die Geschworenen den Inhalt Ihrer Briefe kennen werden, werden Sie nicht mehr verpflichtet sein, auf die schmutzigen Details zurückzukommen. Die Lektüre wird genügen, um sie zu erläutern. Wenn Sie sich aber für den Ausschluss der Öffentlichkeit entscheiden, wird man denken, dass Sie etwas zu verbergen haben.«

Ich habe also entschieden, öffentlich auszusagen. Ich musste nur an den Verhandlungen teilnehmen, die mich betrafen. Die Anwälte Jean-Philippe Rivière und Céline Parisse sorgten ihrerseits für Kontinuität während des gesamten Verlaufs des Prozesses und berichteten mir über die Ereignisse. Ich würde erst als Nebenklägerin auftreten können, nachdem ich als Zeugin vorgeladen worden war. Wenn ich meine

Aussage von dem Gericht gemacht hätte, dürfte ich an den folgenden Verhandlungen teilnehmen.

Ich habe bis zum 19. April 2004 auf diesen Auftritt gewartet. In der Zwischenzeit erreichten mich die Informationen per Telefon. So habe ich manchmal abwegige Sachen über meinen persönlichen Folterer gehört.

*

Ein Ermittler hat berichtet, dass Dutroux den wahnsinnigen Versuch unternommen hatte, seine Frau künstlich zu befruchten. Er war verzweifelt, weil sie keine Mädchen bekam, und erfand eine spezielle Technik, um den Inhalt eines Artikels, den er in einer Zeitschrift gefunden hatte, in die Tat umzusetzen. Die Methode bestand darin, seine Gefährtin einen mit seinen Spermien gefüllten Plastikbeutel in ihrem Inneren tragen zu lassen. Sie durfte ihn erst nach einer Frist von ungefähr drei bis vier Tagen entfernen. Er glaubte diesem populären Artikel entnommen zu haben, dass die Spermien, die Jungen entstehen ließen, früher starben als diejenigen, die die Mädchen zeugten … Ich weiß nicht, was die Wissenschaftler davon halten.

Eine weitere, weniger wissenschaftliche, dennoch ebenso berechnende Übeltat: Mit Hilfe seiner Frau, die er im Gefängnis geheiratet hatte, hatte er den Versuch unternommen, seine alte und kranke Großmutter ihres Hauses und Einkommens zu berauben.

Damals war er in Mons inhaftiert und hatte zu dem Zeitpunkt Hafturlaub.

Nachdem er aufgrund »guter Führung« mit Zustimmung der Gefängnisleitung entlassen wurde, verlangte und bekam er Invaliditätsgelder, weil er angeblich im Gefängnis krank wurde. Monatliche achthundert Euro auf Kosten des Staates. Wenn man selbst gerade den Mindestlohn verdient …, macht es einen wütend.

Ein Exhäftling von Mons hat einem Journalisten, glaube ich, gesagt: »Er war eine Jammergestalt!«

Das tröstet einen. Eine Jammergestalt, ein Monster, ein Menschenfresser, ein Pädophiler, ein Psychopath …, man wusste nicht mehr, wie man ihn nennen sollte. Hinterhältig hat er es sogar gewagt zu sagen, dass eines der kleinen Mädchen ihn »coco« nannte. Er wusste aber nicht, dass »coco« in ihrer Kindersprache für »böser Mann« stand.

Für mich war er vor allem dreckig und stinkig, und ich sagte Fritieröl und Fettkerl zu ihm, wenn ich alle anderen Beschimpfungen durchhatte. Ich hatte gehört, dass er nach wie vor stank. Er beschwerte sich auch noch über seine Haftbedingungen! Er haute mit dem Kopf gegen eine Wand, um Mitleid zu erwecken. Er gab Details seiner Verbrechen preis, die für die Eltern der Opfer entsetzlich waren. Er spielte weiterhin seine Rolle als erbärmlicher Star, ganz allein, lächerlich und jämmerlich, ohne eine Spur von Respekt, Reue oder Bedauern gegenüber den anderen.

Ich fand, dass eine Einzelzelle mit dem Notwendigen, um sich zu waschen, zu ernähren und die Möglichkeit, Zugang zu »seiner« Akte zu haben, viel zuviel Luxus für ihn waren. Ich hätte ein Verlies bevorzugt. Stockdunkel, mit einem kleinen Licht, das ihm ins Auge sticht, Zement zum Schlafen, einen Meter neunzig lang und neunzig Zentimeter breit. Nicht hoch genug, um aufstehen zu können. Schimmeliges Brot und einen Hygienetopf.

Aber das sind Sachen, von denen man nur träumen kann …

Am 15. April 2004 hat ein Ermittler den Geschworenen die Briefe an meine Familie vorgelesen, und vor allem den, den ich an meine Mutter allein adressiert hatte. Meine Berater wollten mich davor bewahren, während meiner Aussage selbst auf diese schäbigen Details und schmerzhaften Mitteilungen zurückkommen zu müssen. Ich war mir der Wirkung der Briefe nicht bewusst. Schweigen herrschte im Saal, manche weinten. Es war unerträglich, die Wahrheit über die »Marterkammer«, die Misshandlungen und die Schmerzen, die ich meiner Mutter unschuldig beschrieb, zu hören. Aber es war notwendig, dass die Geschworenen das alles hörten.

Nach der Verhandlung hat mein Rechtsanwalt der Presse erklärt: »Indem wir nun die Akten der ›noch lebenden Opfer‹ von Marc Dutroux zur Sprache bringen, sind wir am Wendepunkt des Prozesses gelangt. Es wird für ihn schwieriger sein, die Verantwortung auf Geister und Trugbilder zu verschieben.«

An diesem Tag dachte ich mir, dass diese Briefe, auch wenn ich während der acht Ermittlungsjahre gestorben wäre, trotzdem für mich gesprochen hätten.

Zum Glück lebte ich noch. Ich war zwar ein Opfer, aber auch »eine lebende Zeugin«.

10
Puzzle

Dieser Prozess war ein gigantisches Puzzle auf einem schwarzen Hintergrund, auf den ich die ebenso schwarzen Stücke der achtzig Tage meines Überlebenskampfs in dem Versteck von Marcinelle plazieren musste. Dass ich Zeugin war, gefiel nicht allen. Man hat mir berichtet, dass manche diese Bezeichnung »Zeugin« mit Verachtung verwendeten. »Fräulein Dardenne, ›die Zeugin‹, wie sie nun genannt wird«, oder »von der man nun sagt, sie sei die lebende Zeugin des Falls« …

Ich kann den Kummer derer verstehen, die ihre Kinder nicht lebend wiedergefunden haben. Aber ich verstand nicht, dass man mir den Vorwurf machte, noch am Leben zu sein, oder dass mein Anwalt mich »Fräulein Dardenne« und nicht »die kleine Sabine« nannte.

Ich war kein totes kleines Mädchen. Ich war zwanzig Jahre alt und lebendig, ich konnte mich doch nicht ewig dafür entschuldigen. Oder über das schweigen, was ich erlebt hatte. Ich glaubte nicht an das Trugbild des großen Netzwerks, das dieser

Feigling durchsetzen wollte, und diese Einstellung machte mich unbeliebt bei manchen Nebenklägern. Manchmal dachte ich mir: Wenn die Anwendung von Wahrheitsserum bei diesem pathologischen Lügner erlaubt wäre, würde die Verzweiflung mancher Eltern nachlassen und dieser monströse Prozess ruhiger ablaufen. Meine Eltern zählten auch zu den Nebenklägern, aber ich hatte nicht gewollt, dass sie anwesend waren. Ich brauchte meine Ruhe – und sie auch.

Nervös und aufgeregt war ich am Vorabend meiner Aussage mit unzähligen Fragen bei meinen Anwälten in Arlon angekommen.

Könnte ich dem Präsidenten »ich weiß nicht mehr« antworten, falls er eine Frage zu den Details stellen sollte? Würde er verständnisvoll sein? Und falls ich etwas vergäße, würde man behaupten, ich sei verrückt?

Wir hatten uns in einem von der Stadt abgelegenen Hotel einquartiert, mitten in einem wunderschönen Park. Mein Anwalt hatte für sich, seine Assistentin und mich einen ruhigen Ort bevorzugt. Céline Parisse hatte dafür gesorgt, dass ihr Zimmer in der Nähe von meinem war, falls ich zu verängstigt sein sollte. Denn ich musste unbedingt schlafen und aufhören, ihr zehn Fragen gleichzeitig zu stellen. Als Arznei haben sie mir ein Glas Weißwein angeboten, und da ich nie trank, habe ich mich endlich entspannt.

Ein Kombi der Gendarmerie stand vor dem Hotel. Die Journalisten hatten keine Ahnung, wo wir waren. Das Hotelpersonal wusste Bescheid, blieb aber diskret. Ich konnte beruhigt sein.

Dieser Moment, auf den ich seit Jahren wartete, jagte mir nicht wirklich Angst ein. Ich wollte diesem Monster von Angesicht zu Angesicht gegenüberstehen. Das einzige, was ich mich vor dem Einschlafen noch fragte, war, ob ich irgendeine Emotion spüren würde und welche. Ich dachte nicht, dass ich in Tränen ausbrechen oder am ganzen Leib zittern würde, ich hatte keine Angst mehr vor ihm. Im Fernsehen hatte ich ihn schon gesehen, wie er in seinem Käfig aus Glas saß, mit seinem dreiteiligen Anzug, seinen dreckigen Haaren und dem Gesichtsausdruck eines Gerichtsschreibers, der peinlich genau Notizen nimmt. Zu diesem Zeitpunkt führte er sich noch wie ein »Star« auf, beschwerte sich über seine »Haftbedingungen«, wollte nicht fotografiert werden, während er sich nicht schämte, kleine nackte und angekettete Mädchen abzulichten, »Liebesspiele« mit seiner Frau oder seine Leistungen als Vergewaltiger von jungen Mädchen zu filmen, die er irgendwo in der Slowakei unter Drogen gesetzt hatte.

Schließlich habe ich gut geschlafen.

Am nächsten Tag wurde ich mit einem Zivilstreifenwagen abgeholt, weil die Autos meiner Anwälte zu bekannt waren. Jean-Philippe Rivière ist allein weggefahren, und Céline Parisse begleitete mich. Sie sollte mich nicht verlassen, bis ich den Gerichtssaal betreten würde, und ich werde ihr auf ewig dankbar sein für das, was sie für mich getan hat. Der Wagen fuhr sehr schnell, und da sehr viel Verkehr auf der Straße herrschte, schaltete die Fahrerin, eine dreißigjährige Kommissarin, die Sirene ein, um zwischen den Autoschlangen fahren zu können. Mit dem Blaulicht und der Zweitonsirene dachte ich, ich sei in einem Krimi, und ich plauderte wie immer, um den Stress des anstrengenden Tages zu dämpfen.

Als wir am Gerichtshof von Arlon ankamen, mussten wir wie die Angeklagten, die wichtigen Zeugen, die Ermittler und die Richter den Hintereingang nehmen, um vor den neugierigen Blicken sicher zu sein.

Ich hatte noch nie einen Gerichtssaal betreten und beobachtete alles um mich herum: den piepsenden Metalldetektor, die Durchsuchung meiner Tasche – weder Messer noch Knarre, nur Feuerzeug und Zigaretten.

Ich traf André Colin wieder, einen der Ermittler, die mich aus dem Versteck herausgeholt hatten. Ich hatte ihn seit acht Jahren nicht mehr gesehen, aber ich habe ihn ohne Schwierigkeit erkannt. Es freute mich sehr, ihn hier zu treffen. Er hat mich vorsichtig gefragt: »Geht es dir gut?«

»Noch geht es, wir werden später sehen …«

Ich lachte und scherzte weiter. Es ist mir bewusst, dass es sich lediglich um eine Fassade handelte und dass man seine Emotionen nicht immer verdrängen kann, aber es ist als eine Art Würde mir und den anderen gegenüber zu verstehen.

Ich stand dann im Zeugenzimmer in Gesellschaft von zwei Psychologen, einem Analytiker und dem Untersuchungsrichter von Tournai. Sie mussten sich denken: »Wir hätten nicht vermutet, dass sie so sein würde.«

Ich spaßte mit Jules, dem Gerichtsdiener, der ein netter alter Opa war, der sich um mich sorgte: »Willst du ein wenig Wasser? Einen Keks? Nimm doch einen Keks, es wird dir guttun.«

Wegen dieses netten Mannes stiegen mir die Tränen in die Augen. Die Anwältin Céline Parisse musste mich verlassen, denn sie durfte nicht länger bei den Zeugen bleiben, und der Verhandlungsbeginn rückte näher.

Es war im Flur, der zum Saal führte, dass ich angefangen habe, mich unwohl zu fühlen. Jules hatte die Tür nur einen Spalt geöffnet, um auf den Aufruf der Zeugen zu lauschen, und nun sah ich die Menge, die Presse, die Bänke der Anklage und das Publikum. Ich habe mich dreißig Sekunden auf einen Stuhl hingesetzt. Dann wurde mir plötzlich ganz heiß, und ich sagte mir: »Ich werde ohnmächtig auf den Boden fallen, es geht nicht mehr …«

Schließlich flüsterte mir Jules zu: »Es ist soweit!«

Wie einer alten Dame hat er mir beim Aufstehen geholfen und mich zur Tür geführt. Ich wusste, dass ich lief, aber es geschah ohne mein Zutun. Dennoch: Als ich den Saal betrat, sind plötzlich meine Kräfte wiedergekommen. Ich war einfach wieder motiviert: Die Anklagebank lag vor meinen Augen.

Dutroux, sein Komplize Lelièvre und die zwei anderen, die ich außer im Fernsehen noch nie gesehen hatte, Michèle Martin und Nihoul. Der letztere interessierte mich nicht. Er machte einen abwesenden, starren Eindruck, als würde er sich fragen, was er hier zu suchen habe.

Was die drei anderen in ihrem Käfig aus Glas betraf, so würde ich es mir nicht nehmen lassen, sie anzustarren, vor allem ihn. Ein paar Sekunden vorher wusste ich nicht, was ich jetzt, acht Jahre später, bei seinem Anblick empfinden würde. Und seltsamerweise empfand ich nichts.

Er war älter geworden, aber immer noch so hässlich. Er senkte den Blick, während ich meinen auf ihn heftete.

Hätte ich bloß sagen können: »He, armseliger Kerl, schau mich an, wenn ich hereinkomme …«

Allerdings war ich vor einem Schwurgericht, und vor all diesen Menschen, die darauf warteten, dass ich spreche, hatte ich Lampenfieber. Der Saal beeindruckte mich viel mehr als der Angeklagte. Ich habe meinem Rechtsanwalt einen Blick zugeworfen, um ihn zu beruhigen, um ihm still zu verstehen zu geben: »Machen Sie sich keine Sorgen, ich werde nicht in Ohnmacht fallen.«

Ich habe nicht gewartet, bis der Präsident nach mir rief, und bin entschlossenen Schrittes bis zum Stuhl gegangen, der für die Zeugen vorgesehen war.

»Sabine Dardenne?«

»Anwesend!«

Am nächsten Tag stand in den Zeitschriften, dass meine Stimme etwas gezittert habe. Ich war zwar vom Gerichtshof, von der Kulisse, von all diesen mich anblickenden Menschen ein bisschen eingeschüchtert, aber vormittags ist meine Stimme immer angeschlagen, und es fällt mir schwer, mich zu räuspern. Schon von klein auf ist das bei mir so gewesen.

Mein Anwalt hatte mich gewarnt: »Wenden Sie sich immer an den Präsidenten. Er stellt die Fragen, und ihm muss man antworten. Und falls Sie selbst eine Frage stellen möchten, müssen Sie sich auch an ihn wenden.«

Dann habe ich dem Präsidenten in die Augen geschaut, habe mich auf ihn konzentriert, um all diese Blicke, die auf mich gerichtet waren, zu vergessen. Ich habe meine Personalien angegeben, und der Präsident hat freundlich begonnen zu fragen: »Sie fuhren also mit dem Fahrrad zur Schule und dann …?«

Ich erzählte meine Geschichte, und sie war einfacher zu schildern, da die Briefe vorher schon gelesen worden waren. Der Präsident fragte mich, ob ich darauf zurückkommen möchte, worauf ich antwortete: »Nicht unbedingt …«

Jean-Philippe Rivière hat das Wort ergriffen, um mir drei Fragen zu stellen, die ihm wichtig erschienen: Wie er mich gezwungen hatte, das Haus zu putzen, ob ich mit ihm Fernsehen geguckt hatte, und um welche Sendungen – abgesehen von »Intervilles« und der Serie »Le Château des Oliviers« – es sich gehandelt hatte?

Ich kann mich an meine Antwort erinnern.

»Der verschlüsselte Pay-TV-Sender ›Canal plus‹, aber unscharf. Er sagte, ich solle versuchen, zwischen den Strichen zu gucken. Ich hatte keine Lust, es interessierte mich nicht, da ich es schon ›live‹ hatte.«

Ich wartete darauf, dass der Präsident mich fragte, wie die Verfahrensordnung es bestimmt: »Haben Sie noch etwas hinzuzufügen …«

Mein Anwalt wusste wohl, welche Frage in meinem Kopf herumschwirrte. Meine persönliche Frage an den Angeklagten. Da der Präsident daran nicht zu denken schien, hat er selbst interveniert.

Während ich Dutroux direkt anschaute, richtete ich meine Frage an den Richter, um die Regel zu respektieren, aber ihn ließ ich nicht aus den Augen, denn er war es, an den ich mich wandte: »Ich möchte Marc Dutroux etwas fragen, auch wenn ich die Antwort wahrscheinlich schon kenne. Er beschwert sich über meinen schlechten Charakter, nun wollte ich wissen, warum er mich dann nicht erledigt hat?«

Um zu antworten, ist er hinter seiner Glasscheibe aufgestanden, aber seine Augen waren auf den Boden gerichtet, er schaute mich nicht an.

»Sie zu erledigen kam für mich nie in Frage. Man hat ihr das in den Kopf gesetzt, nachdem sie das Versteck verlassen hat.«

Und während ich mich weiterhin an den Präsidenten wandte, zog ich den Schluss: »Von solchen Personen kann man keine andere Antwort erwarten.«

*

Ich war fertig mit meiner Aussage, und der Präsident erlaubte mir, den Saal zu verlassen. Aber genau in diesem Moment, als ich von meinem Stuhl aufstand, bekam ich das Gefühl, dass einer der Angeklagten aufstehen und etwas sagen wollte. Ich hätte gewettet, dass sie es war, die Frau, die mitschuldige Mutter. Sie war es wirklich, sie wollte sich unterwürfig entschuldigen.

»Fräulein Dardenne, ich möchte Sie um Entschuldigung bitten …«

Das Blut stockte mir in den Adern.

»Sie wussten, wo ich war, wer bei mir war und was ich ertrug. Dieses Verhalten seitens einer Mutter schmerzt mich. Ihre Entschuldigung nehme ich nicht an.«

»Ich bereue es, Dutroux nicht sofort angezeigt zu haben, als er Julie und Melissa entführt hatte. Ich bitte Sie nicht um Verzeihung, weil es unverzeihlich ist. Ich kann nicht verstehen, was Sie ertragen haben, weil ich mir nicht vorstellen kann, dass meine eigenen Kinder in einem Käfig eingesperrt werden könnten. Ich sehe mein Unrecht ein.«

»Tut mir leid, ich verzeihe nicht!«

Indem sie um Verzeihung bat, versuchte sie wohl, sich selbst vor dem zu schützen, was auf ihr lastete, denn sie tat später dasselbe bei Laetitia.

Von jeher war sie in alles eingeweiht. Seit den achtziger Jahren war sie seine Komplizin. Er vertraute sich ihr an, und sie ertrug einen Psychopathen als Vater ihrer Kinder. Nun saß sie im Gefängnis und sah sie nicht mehr. Ihr war, hoffe ich, ihre eigene Monstrosität bewusst. Sie hatte zugelassen, dass Kinder anderer Eltern vergewaltigt und ermordet wurden, und jetzt verlangte sie nach ihren Kindern!

Ihre Anwälte hatten darum gekämpft, dass sie ein Besuchsrecht für die jüngeren bekam. Diese Kinder taten mir leid! Sie haben ihren Namen ändern lassen müssen, weil man sie beschimpfte. Sie wechseln mit der schweren Last, kriminelle Eltern zu haben, von Pflegefamilie zu Pflegefamilie. Wie wagte sie es, um Verzeihung zu bitten?

Erleichtert bin ich weggegangen. Ich hatte endlich die Oberhand gehabt, er hatte es nicht einmal gewagt, mir in die Augen zu schauen. Er hat nur Unsinn geantwortet, ich hatte aber nichts anderes von ihm erwartet. Irgendwann haben seine Anwälte ihn als »immateriellen Psychopathen« bezeichnet. Seltsam, denn mir kam er im Gegenteil ungeheuerlich materiell vor. Die Staatsanwaltschaft hat meine Aussage mit folgenden Worten abgeschlossen: »Weder ein Kommentar noch ein Schlussplädoyer könnten eine solche Aussage ersetzen, wir hören sie mit Demut und Respekt an.«

*

Am nächsten Tag hatte dieses Monster während einer Verhandlung gesagt, ich sei für das Netzwerk von Nihoul bestimmt gewesen. Ich habe den Präsidenten gefragt, ob der Angeklagte sich zu diesem Thema genauer äußern könnte, denn es wäre »nett«, und ich hätte vermutlich nicht »richtig verstanden, was der Angeklagte meinte«.

Ich hoffe, dass er die Ironie des Wortes »nett« mitbekommen hat. Während er weiterhin seine Notizen anschaute – seine Art, um mit den anderen nicht konfrontiert zu werden –, antwortete er: »Am Anfang sollte ich sie dem Netzwerk von Nihoul übergeben, aber ich habe sie liebgewonnen …«

Der Präsident unterbrach ihn.

»Ich dachte, es wäre, um die Lücke zu schließen, die Julie und Melissa hinterlassen hatten?«

Von da an verstrickte er sich in einen komplizierten Monolog. Er sprach mit der albernen und eintönigen Stimme eines lügnerischen Feiglings, der vor dem Gerichtshof als unschuldig erscheinen will, der vergewaltigt, aber nicht getötet hat.

»Kurzum, muss ich mich bei ihm bedanken? Er hat mir ja das Leben gerettet!«

»Nein, das sage ich auch nicht, ich habe auch Unrechtes getan.«

Warum hatte er mich nicht erledigt? Dieses Gesindel hatte mich angeblich liebgewonnen? Er wollte die Geschworenen manipulieren, indem er ihnen eine solche Lüge auftischte. Oder wollte er eher, dass ich, sein Opfer, daran glauben sollte?

Dann war Laetitia dran. Sie hat dem Präsidenten erklärt, sie könne nicht schwören, dass sie »ohne Hass und Furcht« sprechen werde. Sie hat angefangen, ihre Geschichte zu erzählen, so wie ich.

»Ich war im Schwimmbad, ein Lieferwagen hat angehalten …, der Typ hat so getan, als ob er nicht verstehen würde, und währenddessen hat mich der andere gepackt, und so wurde ich weggeschleppt …«

Als sie von dem Versteck erzählte, hat der Präsident sie gefragt: »Was tatet ihr zu zweit in diesem Versteck?«

»Es war die Wand, Sabine, ich und die Wand.«

»Ja, und damals waren Sie jung und schlank!«

»Warum? Bin ich jetzt dick?«

Ich habe ein Lachen unterdrückt. Dagegen war ich erzürnt, als ein Geschworener ihr eine dumme und meines Erachtens unpassende Frage stellte: »Sie waren im Schwimmbad und sind nicht geschwommen, weil Sie Ihre Tage hatten …, und dennoch behaupten Sie, er hätte Sie vergewaltigt?«

Verloren auf ihrem Stuhl schämte sich Laetitia. Ich war schon bereit, das Mikrophon zu nehmen und diesem Rüpel gründlich die Meinung zu sagen! Stellt man so eine Frage, wenn man über einen Psychopathen, Pädophilen und Sexbesessenen zu richten hat? Als würden solche Lappalien dieses Monster stören!

Ich hatte Laetitia eine Woche nach Prozessbeginn getroffen, und sie war sich zu der Zeit nicht sicher, ob sie aussagen wollte. Ich hatte ihr gesagt: »Es wird hart sein, aber ich sag dir auch, dass es ihm recht geschieht. Du musst kommen und sagen, was mit dir passiert ist.«

Und nun saß sie mutig da und griff ihn sogar an. Sie wollte wissen, wie sehr er sie in den ersten Tagen betäubt hätte, ob sie irgendwie noch bei klarem Verstand gewesen sei. Ihre Erinnerungen waren verschwommen, und es war für sie ziemlich unerträglich.

Anders gesagt, waren noch Drogen im Kaffee oder nicht mehr? Er hat geantwortet, dass er daran gewöhnt war, seinen Kaffee bis zum letzten Tropfen zu trinken. Es war ja normal, er mochte keine Verschwendung! Zum ersten Mal log er nicht, dachte ich. Es war wirklich typisch für ihn: den Saft aus den Dosen zu trinken, mit dem Badewasser das Klo zu spülen, das Brot verschimmeln zu lassen, sich die Zähne nicht zu putzen und seinen Kaffee bis zum letzten Tropfen zu trinken …

Die grausamen Fragen kam hintereinander.

»Er sagte Ihnen: ›Das Schlimmste, was ich dir antun kann, ist, mit dir Liebe zu machen‹?«

»Ja.«

»Er hat Ihnen Verhütungsmittel gegeben, deren Verfallsdatum abgelaufen war?«

»Ja.«

»Sie wurden nicht von einem Psychologen betreut?«

»Nein.«

»Anscheinend können Sie darauf verzichten.«

Ich wusste nicht, dass auch sie nach diesem Höllengang ganz allein zurechtkam.

Während ich sah und vor allem hörte, wie Laetitia manchmal auf Detailfragen mit »ich weiß es nicht« oder »ich weiß es nicht mehr« antwortete, wobei sie wie ich mutig versuchte, dem Monster standzuhalten, erinnerte ich mich an schreckliche Bilder von ihr, gefesselt. Ich hörte sie noch, wie sie mit ihrer schläfrigen Stimme antwortete, als ich sie vor ihm warnen wollte: »Es ist schon geschehen …«

Es war meine Schuld, dass sie vor all diesen Leuten stehen musste und gezwungen war, zu antworten oder das zu rechtfertigen, was sie erlebt hatte. Ich konnte mir noch so sehr einreden, dass, wenn sie es nicht gewesen wäre, eine andere ihre Stelle eingenommen hätte, mir war es schwer ums Herz. Ich versuchte mich von diesem Schuldgefühl zu befreien, ich konnte es aber nicht. Schon damals mit zwölf hatte ich mich während des Weißen Marschs entschuldigt, so gut ich konnte.

»Du musst wissen, ich war ganz allein, mit der Zeit wurde ich verrückt, ich hatte nichts mehr zu tun. Ich habe es dir gesagt, als du ankamst, es waren schon siebenundsiebzig Tage, die ich mit diesem Widerling verbrachte hatte, und ich musste ihn fast täglich erleiden. Ich bin ein Kind, ich konnte mir nicht vorstellen, dass dieser Typ ein Kindesentführer war und dass es mit dir dasselbe sein würde.«

Aber an dem Tag, als der Präsident den Angeklagten gefragt hat: »Haben Sie Laetitia entführt?«, antwortete er: »Es ist Sabine, die mir ständig auf den Geist gegangen ist, weil sie unbedingt eine Freundin haben wollte!«

Ich wäre am liebsten in den Boden versunken. Würde man mir das ein Leben lang vorwerfen? Laetitia hat mich angeschaut, und wir haben ein trauriges Zeichen des Einverständnisses ausgetauscht.

Vor ihrer Aussage hatten wir gemeinsam erneut darüber gesprochen. Ich wollte sie weder schockieren noch die Wunde immer wieder auffrischen, sondern nur sagen, dass ich es ihr zu verdanken habe, dass ich gerettet wurde.

»Vergiss eins nicht. Ich hatte nicht die Chance, dass Zeugen es sahen, als er über mich hergefallen ist. Wenn du nicht gewesen wärst … Es hat dich erwischt, es ist traurig, aber dank deiner Entführung hat man mich wiedergefunden. Ich bin am Leben, und du bist am Leben. Ich habe dein Leben ein bisschen verpfuscht, weil ich nach einer Freundin fragte, und ich nehme es mir übel, aber es ist dir zu verdanken und den Zeugen der Entführung, dass ich heute hier bin.«

Ich werde mich von dieser Last nie befreien, auch wenn ich weiß, dass sie es mir nicht übelnimmt. Am Ende der Verhandlung sagte ich ihr scherzend: »Hör zu, auf der Anklagebank ist noch ein Platz frei. Wenn du willst, gehe ich auch hin!«

»Nicht doch! Es stimmt, dass du nach einer Freundin gefragt hast, aber wäre ich es nicht gewesen, wäre es eine andere. Es hat mich erwischt, aber die schlimmsten Momente verdanke ich ihm und nicht dir!«

Später während eines Interviews hat mir ein Journalist gesagt: »Man sieht, dass Sie sich mit Laetitia sehr gut verstehen.«

»Ja, wir sind uns wegen der Erlebnisse, die wir gemeinsam durchlitten haben, sehr nah. Aber wir sind keine Freundinnen, die sich im Ferienlager, in der Schule oder als Nachbarn kennengelernt haben. Laetitia ist meine Leidensgefährtin.«

So wie ich hat sie nach ihrer Aussage erlebt, dass Dutroux' Frau versucht hat, sie um Verzeihung zu bitten.

Doch sie ist ihr sehr schnell ins Wort gefallen: »Ich will mir Ihr Bedauern nicht anhören, das Übel ist vollbracht, es ist zu spät!«

Und Dutroux: »Ich will dir meine unterwürfigsten Entschuldigungen machen … ich bin mir dessen bewusst, was ich dir angetan habe …«

Es war lästig. Sie hätten lieber schweigen sollen. So oder so war dieser Typ keiner Schuldgefühle fähig, ihm war der Schmerz, den er verursacht hatte, vollkommen gleichgültig, genauso gleichgültig wie die entführten Kinder, die er sterben lassen oder lebendig begraben hatte. Er wollte nur vor dem Gericht »angeben«. Bei mir wirkte es nicht.

Ich hatte nichts anderes erwartet. Er war sich selbst treu, er war wie in meinen Erinnerungen: eingebildet, manipulativ, undurchsichtig, unfähig, die Wahrheit zu sagen. Am Ende der Verhandlung, nach Laetitias Aussage, habe ich vor den Kameras gesagt – und ich hielt mich noch zurück: »Er kann mit seinen Entschuldigungen verrecken!«

Die Presse schrieb, ich hätte ihn besiegt und sowohl Mut als auch Charakter gezeigt. Um so besser, aber ich wartete noch auf das Schlussplädoyer und den Urteilsspruch, um von dieser Rückblende befreit zu werden, und dies um so mehr, als noch eine Hürde auf uns wartete.

Das Gericht hatte sich entschlossen, die Geschworenen, die Anwälte, die Zeugen und die Angeklagten wie bei einer Informationstour das Versteck besichtigen zu lassen.

An Ort und Stelle fühlte ich mich unwohl, obgleich ich dachte, ich hätte die Kraft, um es zu ertragen. In Marcinelle lachte ich mit Laetitia. Sie vertraute mir an: »Falls eine Spinne da ist, werde ich brüllen. Du darfst dir dann keine Sorgen machen …«

Und ich erinnerte sie an das, was er uns immer gesagt hatte, wenn wir zum Versteck hinuntergegangen waren: »Fass die Wände nicht an! Vergiss das nicht! Sonst wirst du Ärger bekommen!«

Ich weiß nicht, warum er das ausgerechnet bei dieser Wand verlangte, während ich alle anderen anfassen konnte.

»Ja, ja, ich habe nichts vergessen! Glaubst du, dass das Poster mit dem Dinosaurier noch da ist?«

Ich weiß, dass Laetitia weniger Abstand zu dem Geschehenen hat und dass mein schwarzer Humor sie gelegentlich schockiert. Sie wird nicht auf diese Art mit dem Ganzen fertig. Dennoch lachten wir, während wir darauf warteten, in das Versteck gehen zu können. Dann jedoch, vor diesem elenden Haus, hinter den Planen, die uns vor den Neugierigen schützten, war es anders. Wir mussten warten, bis alle drin gewesen waren. Die Geschworenen, die Richter, die Beisitzer und die anderen von der Anklage. Und in dem Maße, wie ich die mitgenommenen Gesichter sah, fing ich an zu realisieren, was uns erwartete. Laetitia ebenfalls.

»Hast du ihre Gesichter gesehen?«

Laetitia ist vor mir hinuntergegangen. Als ich sah, wie sie zurückkam, hat sie mir Angst eingejagt. Wenn sie in einer solchen Verfassung zurückkam, obwohl sie nur sechs Tage darin gewesen war, würde es bei mir gar nicht gutgehen. Ich bin kreidebleich geworden. Beklemmung stieg wie eine Welle in mir hoch.

Mit meinen zwei Anwälten bin ich ins erste Zimmer eingetreten, da hielt ich es noch aus.

»Nach wie vor herrscht Chaos in dieser Bruchbude.«

Ich fragte mich, womit ich anfangen sollte. Mit dem Zimmer oder mit dem Keller?

Ich habe mich für den Keller entschieden. Ich bin die Treppe hinabgestiegen, ohne die Wände zu berühren, aber diesmal, weil ein Seil als Halt für die älteren Personen angebracht worden war.

Die Treppe ist sehr schmal. Es sind zwölf Stufen, früher zählte ich sie immer beim Hinuntergehen. Ich habe das Rattenloch allein betreten, denn es war selbstverständlich unmöglich, dass sich drei Personen gleichzeitig darin aufhielten. Innerhalb einer Sekunde war ich zurück in der Vergangenheit, und wie in einem Film liefen die Bilder durch meinen Kopf. Ich sah mich, wie ich meine Lektionen lernte, meine Briefe schrieb. Wie ich mich aufregte, als der Strom ausfiel, wie ich mit dem Licht oder dem Ventilator zu kämpfen hatte, die nicht mehr funktionierten. Und da war auch diese von Julie hinterlassene Spur, welche die Ermittler eingekreist hatten. Sie rief Schuldgefühle in mir wach, weil ich nichts gesehen hatte. Wenn ich sie gesehen hätte, hätte ich sie deuten können? Hätte ich ihm Fragen gestellt? Ich weiß es nicht, aber zumindest hätte ich es am 15. August den Ermittlern melden können.

Es war ein winziger Ort, und er kam mir noch kleiner, noch erstickender und noch schrecklicher vor.

Wir sind anschließend hochgegangen in das Zimmer mit den Etagenbetten. Sie waren verrostet, die Leiter war abgesägt worden, das Poster mit dem Dinosaurier hing nicht mehr an der Wand. Das Zimmer kam mir jetzt viel kleiner vor. Im anderen Zimmer war alles beim alten geblieben: das Bett, der Tisch am Bettende, auf dem dieses Riesenpuzzle lag, das mich so sehr genervt hatte. Es war schon angefangen worden, als ich ankam. Wenn ich ein wenig Ruhe haben durfte und er seine doofen Programme im Fernsehen schaute, betrachtete ich die Decke oder das Puzzle. Zwei- oder dreimal habe ich versucht, es zu vervollständigen. Nur noch ein paar Teile fehlten. Aber es war schwer, weil es eine eintönige Landschaft mit viel Grün und viel Graublau darstellte. Ich habe nie danach gefragt, wer es angefangen hatte. Es mag sein, dass alle vier es vor mir betrachtet hatten.

Ich habe es nie geschafft, es zu beenden. Irgendwann hatte ich mich daran abreagiert und es etwas durcheinandergebracht … Dieses Puzzle machte mich wahnsinnig, es war ein Alptraum. Das ganze Haus war ein Alptraum, ich musste dort heraus, aber ich schaffte es nicht.

Laetitia hat mich geholt, und ich bin mit ihr hinausgegangen. Jemand sagte mir, ich hätte so ausgesehen, als sei ich zwölf. Ich war traurig, blass und wütend, denn auch »der andere« würde mit Handschellen und kugelsicherer Weste durch das Haus in Marcinelle gehen.

Ich wusste nicht, ob ich über mich wütend war, weil ich zusammengebrochen war, oder über ihn, der dasein durfte und auch noch Kritik äußerte! Er hat es sich erlaubt zu sagen: »In welchem Zustand haben sie mein Haus hinterlassen …«

Ich hielt das nicht mehr aus und sagte zu Laetitia:

»Ich will hierbleiben. Er soll den Mut aufbringen, an uns vorbeizugehen und uns einmal in die Augen zu schauen. Hier gibt es keinen Glaskäfig …«

Ich stellte mich ihm absichtlich in den Weg, starrte ihn an, er schaute zu Boden, und ich nannte ihn einen Widerling. Nur das eine Wort. Das einzige, das mir in den Sinn kam.

Man hat mich beiseite geschoben, und Laetitia hat zu mir gesagt: »Atme tief durch. Geh an die frische Luft …«

Da waren überall Polizeiautos, Planen und Absperrungen, ich habe mich in eine Ecke zurückgezogen. Als ich sah, dass er das Haus verließ, hätte ich ihm gern wieder die Stirn geboten. Ich hätte mich sogar vor die Autotür gestellt, durch die er einsteigen sollte. Ich hatte es satt, dass er zu Boden schaute. Aber der Präsident würde mich mahnen, und ich würde die Aufmerksamkeit auf mich lenken. So bin ich schließlich dort geblieben, wo ich war. Er ging einen Meter an mir vorbei, und das hat mir nichts anhaben können. Trotz meiner Tränen war ich stark. Ich war es, die ihm nun überlegen war. Ich hatte keine Angst vor ihm, es waren das Haus, das Versteck, das Zimmer, die mich so verstört hatten.

Presseleute waren aber in unserer Nähe gewesen, und am nächsten Tag stand in allen Zeitungen dasselbe Wort: »Widerling!«

Es hatte mich erleichtert. Wenn ich hätte weitermachen können, wenn man zugelassen hätte, dass ich ihm gegenüber ausrastete, wie ich es mir seit dem 15. August 1996 wünschte …

»Siehst du, was du getan hast? Siehst du, woran du jetzt bist? Freust du dich jetzt?«

Wie damals mit zwölf. Ich hatte dieselbe Wut im Bauch. Ich wäre vielleicht verrückt genug gewesen, um die Erlaubnis zu bitten, das Haus mit ihm besichtigen zu dürfen. Damit sein Psychopathenhirn registrierte, dass es vorbei war.

»Siehst du? Ich habe keine Angst, ich habe sogar das Haus mit dir besichtigt!«

Schließlich tat ich es doch nicht. Ich glaube, dass der kleine Soldat seine Kräfte überschätzt hätte.

*

In seinem Schlussplädoyer hatte mein Anwalt mit viel Emotion erzählt, wie ich es geschafft hatte, mein Leben als zwölfjähriges Mädchen und dann als Jugendliche wieder aufzubauen, um nun vor diesem Gericht zu stehen und ihm in die Augen zu schauen.

»Fräulein Dardenne will nicht, dass Sie sich vorstellen, sondern dass Sie wissen, dass sie mit sechzehn verliebt war und sich für bestimmte Weigerungen hat rechtfertigen müssen. Es war für sie eine Demütigung, ihrem Geliebten zu erklären, warum sie sich weigerte. Es hatte nichts damit zu tun, dass sie sich vor ihm geekelt hätte. Aber, Dutroux, zwischen ihnen waren Ihr stinkender Mundgeruch, Ihr Ochsenstöhnen und Ihre dreckigen Pranken. Und dennoch lieben sie sich! Ja, Dutroux, sie lieben sich! Eine Erfahrung, die Sie nie gemacht haben. Und das ist Sabines Rache!«

Am Ende des Schlussplädoyers hat er noch die Frechheit besessen zu murmeln, dass er »nicht eifersüchtig sei« und »mir ein schönes Leben wünsche«. Wer soll einen solchen Psychopathen verstehen?

Ein Gericht, ein Staatsanwalt und Geschworene.

Das Plädoyer war eindeutig, es handelte sich nicht um ein imaginäres Netzwerk, sondern um eine kriminelle Vereinigung. Es ging um Entführungen, Vergewaltigungen, Freiheitsberaubung, Mord und Totschlag.

Die Geschworenen mussten zweihundertdreiundvierzig Fragen mit Ja oder Nein beantworten.

Und die Urteile wurden ohne mildernde Umstände gefällt. Lebenslänglich für Dutroux, mit einer zehnjährigen Sicherungsverwahrung durch die Regierung.

Er wird seine Strafe wie seinen Kaffee bis zur Neige genießen können.

Seine Frau, Michèle Martin: dreißig Jahre. Lelièvre: fünfundzwanzig Jahre. Und fünf Jahre für Nihoul, der letzte Angeklagte, der zwar Schieber, Spitzel und Dieb war, für die Geschworenen aber nichts mit dem »Netzwerk« zu tun hatte, das Dutroux ihm anhängen wollte.

Die Theorie der ersten Ermittler, Michel Desmoulin und Lucien Masson, und des Untersuchungsrichters hat sich bestätigt. Der »Mann, der mich bewachte«, war ein einzelner Perverser.

*

Es war vorbei. Die Angeklagten konnten Revision einlegen, wenn sie der Ansicht waren, dass sie im Verlauf des Prozesses benachteiligt worden waren.

Der einzelne Perverse hat von dieser Möglichkeit natürlich Gebrauch gemacht, das war zu erwarten. Ich habe also meinerseits das Kriegsbeil noch nicht begraben. Ich kann mich nicht in den Geist eines einzelnen Psychopathen hineinversetzen, aber ich hätte gern gewusst, wie er aussieht und funktioniert und warum.

Danach wäre ich vielleicht klüger.

Ich habe mein Leben wiedergefunden und meinen Freund, den ich während dieser verrückten Zeit vernachlässigt hatte. Und meine Arbeit auch und diesen Vorortzug, der mich nervt, und die »komischen« Blicke. Einmal wurde ich sogar um ein Autogramm gebeten, was mich richtig wütend gemacht hat.

In dieser Menge von Journalisten und Menschen, die vor dem Gerichtsgebäude warteten, hatte ich oft das Gefühl, dass ich mir meinen Weg durch eine Welt von Voyeuren bahnen musste.

Und dann habe ich mich – freiwillig diesmal – eingesperrt, um die verschiedenen Teile dieses gigantischen und dunklen Puzzles, inmitten dessen ich überlebt habe, zusammenzuführen. Auf meine Art wollte ich es in meinem Gedächtnis sortieren. Auf eine definitive und endgültige Art und Weise. Einfach ein Buch in einem Regal.

Und alles vergessen können.

Sabine Dardenne
Sommer 2004

Dank

Ich möchte mich besonders bedanken bei:

Marie-Thérèse Cuny und Philippe Robinet sowie bei allen, die es mir ermöglicht haben, dieses Buch zu schreiben.
meinem Anwalt Jean-Philippe Rivière und seiner Assistentin, der Anwältin Céline Parisse, denen ich voll und ganz vertraue. Sie haben mich immer unterstützt, beraten, geschützt … und tun es weiterhin.
meiner Oma, die nicht mehr da ist und mir sehr fehlt.
meiner Maman, trotz aller Meinungsverschiedenheiten. Man hat nur die eine.
meinem Vater.
meinem Gefährten, den ich während des Prozesses absichtlich aus dem Ganzen herausgehalten habe, der mich aber unterstützt hat und es weiterhin tut. Und bei seiner Familie auch.
Jacques Langlois, dem Untersuchungsrichter.
Michel Demoulin, der jemand ist, an dem ich sehr

hänge. Sowie bei all den Ermittlern der Sonderkommission von Neufchâteau.

Ich bedanke mich auch bei

meiner großen Schwester. Dafür, dass sie für mich da ist.
meiner Freundin Davina, die mir immer zuhört.
Laetitia, die mich trotz der Meinungsverschiedenheiten von früher während des Prozesses unterstützt hat und mit der ich weiterhin Kontakt habe.
den Besitzern des Château du Pont d'Oye, in dem wir vier Monate lang gewohnt haben.
den Kommissaren Shull und Simon, die sich für mich sorgfältig um die Organisation während des Prozesses gekümmert haben. Sowie bei den anderen vom Polizeiaufgebot.
Jean-Marc und Ann Lefèbvre, die uns mit offenen Armen bei sich aufgenommen haben.
Thierry Schamp, der einen ganzen Tag lang im Auto geblieben ist, um zur Stelle zu sein, falls ich während der Besichtigung des Verstecks am 27. April 2004 ein Problem gehabt hätte.
der Mannschaft des Restaurants *Tante Laure*, die sich immer gut um uns gekümmert hat.
den Journalisten, die mich unterstützt haben und immer korrekt zu mir gewesen sind.

den Leuten in meiner Firma, die es möglich gemacht haben, dass ich am Prozess teilnehmen konnte, ohne mich sorgen zu müssen.

Mein Dank gilt außerdem folgenden Personen (in alphabetischer Reihenfolge):

André Collin,
Jean-Marc Conerotte,
Robert und Andrée Flavegèce,
Jean Lambrecks,
Jean-Denis Lejeune,
Lucien Masson,
Philippe Morandini,
Bernard Richard,
dem Untersuchungsrichter Tollebeeck und all den Ermittlern von Tournais,
Yves und Josianne Vandvyver.

Senait G. Mehari

Feuerherz

Die erschütternde Geschichte eines afrikanischen Albtraums

Es sah nicht so aus, als wäre Senait ein langes Leben bestimmt: Ihre Mutter setzte das Neugeborene in einem Koffer aus. Aus Verzweiflung, seine Familie nicht mehr ernähren zu können, gab ihr Vater sie in eine Rebellenarmee. Als Kindersoldatin wäre sie um ein Haar von einer Granate zerrissen worden.

Ihre Kindheit war ein Albtraum. Dass sie ihn überlebte, grenzt an ein Wunder. Ein noch größeres Wunder ist es, dass Senait heute selbstbewusst ihren Weg geht – eine zuversichtliche, starke junge Frau, die ihr Schicksal bewältigt hat und ohne Bitterkeit davon zu erzählen vermag.

Eines der dramatischsten Frauenschicksale unserer Zeit!

Mende Nazer, Damien Lewis
Sklavin

Gefangen – Geflohen - Verfolgt

Als Zwölfjährige wird Mende von arabischen Milizen aus ihrer Heimat, den Nubabergen im Sudan, entführt und jahrelang von einer reichen Familie in Khartoum brutal ausgenutzt. Dann verkauft man sie ins Ausland – als Sklavin eines sudanesischen Diplomaten in London. Unter dramatischen Umständen gelingt ihr im September 2000 die Flucht.
Doch Mendes Martyrium geht weiter: Ihr Antrag auf Asyl in England wird abgelehnt. Was das sichere Todesurteil für Mende bedeutet hätte, kann erst im letzten Moment abgewendet werden – durch einen Entrüstungssturm der Medien und durch den Einsatz Tausender erschütterter Leser dieser Buches.

»Ich bin überglücklich, nach so langem Kampf nun sicher in Europa leben zu können. Vor allem meinen deutschen Lesern bin ich zutiefst dankbar.«
Mende Nazer